AF543617

Steidl Nocturnes

Gilbert Keith Chesterton

Die Bäume des Hochmuts

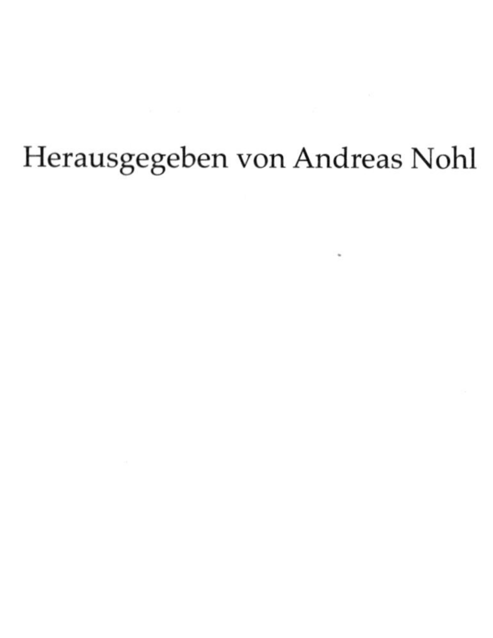

Herausgegeben von Andreas Nohl

G. K. Chesterton

Die Bäume des Hochmuts

Erzählung

Steidl Nocturnes

Aus dem Englischen übersetzt von Andreas Nohl

Deutsche Erstausgabe

Inhalt

I

Die Geschichte der Pfauenbäume

Squire Vane war ein in die Jahre gekommener Pennäler von englischer Erziehung und irischer Abstammung. Seine englische Schulbildung an einer der vornehmen Privatschulen hatte dafür gesorgt, dass sein Geist gänzlich und für immer auf der Stufe des Knabenalters verharrte. Unbewusst rebellierte seine irische Abstammung gegen den angemessenen Ernst eines alten Knaben und gab ihm zuweilen das aufgewecktere Aussehen eines ungezogenen Jungen zurück. Sein körperliches Unvermögen, stillzuhalten, spielte ihm fast gegen seinen Willen Streiche und hatte ihn bereits als komplette Fehlbesetzung sowohl im diplomatischen als auch im Staatsdienst ausgewiesen. Es lässt sich ja nicht leugnen, dass der Kompromiss der Schlüssel zur englischen Politik ist, insbesondere wenn es um die Unparteilichkeit gegenüber den Religionen Indiens geht. Doch Vanes Versuch, dem Moslem auf halbem Wege entgegenzukommen, indem er am Eingang der Moschee *einen* Stiefel fortschleuderte, wurde nicht so sehr als echte Unparteilichkeit wahrgenommen, sondern eher als etwas, das man nur als aggressive Gleichgültigkeit bezeichnen konnte. Wiederum trifft es zu, dass ein englischer Aristokrat sich kaum je vollkommen in die Gefühle einer der beiden Parteien versetzen kann, wenn ein russischer Jude und eine orthodoxe Prozession, die Reliquien vor sich herträgt, miteinander in Streit geraten. Aber Vanes Vorschlag, die Prozession solle den Juden gleich mittragen, da er doch eine ehrwürdige und historische Reliquie sei, wurde von beiden Seiten missverstanden. Kurzum, er war ein Mann, der sich allerhand darauf zugutehielt, ein reiner Vernunftmensch zu sein – mit dem Ergebnis, dass er ständig unvernünftige Dinge tat.

Er hatte soeben in der Gesellschaft seiner Tochter ein herzhaftes Frühstück zu sich genommen – an einem Tisch unter einem Baum in seinem Garten an der Küste von Cornwall. Denn da er über einen fabelhaften Blutdruck verfügte, bestand er darauf, dass so viele Mahlzeiten wie möglich im Freien eingenommen wurden, auch wenn der Frühling die Bäume noch kaum berührt und das Meer um diesen südlichsten Zipfel Englands kaum gewärmt hatte. Seine Tochter Barbara, eine attraktive junge Frau mit dichtem rotem Haar und einem Gesicht, dessen Ernst dem der Gartenstatuen glich, blieb beinahe so regungslos sitzen wie eine dieser Statuen, als ihr Vater sich erhob. Eine schlanke, hochgewachsene Gestalt in hellem Anzug, mit weißem Haar und Schnurrbart, die aus seinem durchaus gutmütigen Gesicht nach hinten geweht wurden, denn er trug seinen breitrandigen Panamahut in der Hand, schritt er durch den terrassierten Garten über ein paar von alten Zierurnen flankierte Steinstufen zu einem von kleinen Bäumen gesäumten Waldpfad hinunter und über einen Serpentinenweg die schroffe Felsklippe zum Strand hinab, wo er einen Gast empfangen wollte, der per Schiff ankam. Eine Yacht war bereits in die blaue Bucht eingelaufen, und er sah, wie ein Ruderboot auf die kleine gemauerte Anlegestelle zusteuerte.

Doch traf es sich, dass auf dieser kurzen Strecke zwischen dem grünen Rasen und dem gelben Sand seine Dickköpfigkeit in einen nicht ungewohnten Zustand versetzt wurde, den man gemeinhin Hitzköpfigkeit nennt. Die cornischen Landleute nämlich, aus denen sich seine Pächter und sein häusliches Personal zusammensetzten, waren weit davon entfernt, Vernunftmenschen zu sein. Ach, da fand sich jede Menge Unvernunft! Mit all ihren Gespenstern, Hexen und Bräuchen, die so alt waren wie Merlin, schienen sie ihn wie mit einem Feenring aus lauter Unsinn zu umlagern. Doch der magische Kreis hatte ein Zentrum, es gab einen Punkt, zu dem die gewundene Rede der Bauern stets zurückkehrte. Es war ein Punkt, der den Squire immer zur Weißglut trieb, und selbst bei diesem kurzen Spaziergang schien er überall darauf zu stoßen. Er blieb kurz stehen, bevor er die Stufen am Ende des Rasens betrat, um mit dem Gärtner über das Einpflanzen fremdländischer Sträucher zu reden, und der Gärtner schien in jeder Falte seines wettergegerbten Gesichts finster befriedigt, endlich darauf hinweisen zu können, welch geringe Meinung er von den fremdländischen Sträuchern hatte.

»Wir würden gern das Gestrüpp loswerden, das Sie schon hier haben, Sir«, bemerkte er und grub verbissen das Erdreich um. »Nichts wächst richtig, solange die da sind.«

»Gestrüpp!«, sagte der Squire lachend. »Sie werden die Pfauenbäume doch wohl nicht Gestrüpp nennen, oder? Wunderschöne große Bäume – Sie sollten stolz darauf sein.«

»Unkraut vergeht nicht«, bemerkte der Gärtner. »Unkraut kann so groß werden wie ein Haus, wenn einer es pflanzt.« Und fügte hinzu: »›Er, der Unkraut sät‹ in der Bibel, Squire.«

»Ach, rutschen Sie mir den Buckel runter mit Ihrer …«, begann der Squire und ersetzte dann das passende und stabreimende Wort »Bibel« durch das allgemeinere »Ihrem Aberglauben«. Er selbst war zwar strenger Rationalist, ging aber zur Kirche, um seinen Pächtern ein Beispiel zu geben. Die Frage wofür, hätte ihn in Erklärungsnöte gebracht.

Etwas weiter den Weg zwischen den Bäumen hinunter traf er den Holzfäller, einen gewissen Martin, der noch weniger mit seiner Meinung hinter dem Berg hielt, weil er mehr Grund zum Klagen hatte. Seine Tochter war an schwerem Fieber erkrankt, wie es neuerdings an der Küste grassierte, und der Squire neigte als gutherziger Gentleman unter solchen Umständen gewöhnlich zur Nachsicht, wenn Martin bloß schlecht gelaunt gewesen wäre oder die

Beherrschung verloren hätte. Aber der Squire verlor fast seine eigene, als der Landmann beharrlich seine Tragödie mit der landläufigen fixen Idee über die fremdländischen Bäume in Verbindung brachte.

»Wenn es ihr gut genug ginge, würde ich sie woandershin bringen«, sagte der Holzfäller, »denn die Bäume können wir ja wohl nicht wegbringen. Ich würde am liebsten einfach meine Axt reinhauen, bis ich merke, dass sie runterkrachen.«

»Man könnte meinen, es wären Drachen«, sagte Vane.

»So sehen sie doch auch aus«, erwiderte Martin. »Schauen Sie doch mal hin!«

Der Holzfäller war natürlich ein rauherer und sogar wilderer Geselle als der Gärtner. Auch sein Gesicht war wettergegerbt und glich altem Pergament, und es wurde umrahmt von einer sonderbaren Komposition aus rabenschwarzem Kinn- und Backenbart, wie es vor fünfzig Jahren tatsächlich Mode gewesen war, aber ohne weiteres aus einer Zeit von vor fünftausend Jahren oder mehr stammen konnte. Man hatte das Gefühl, die Phönizier mochten sich auf ihren Handelsreisen an ihrer fremden Küste im Morgenland ihr blauschwarzes Haar in solch bizarre Formen gekämmt, gezwirbelt oder geflochten haben. Denn der hiesige Volksstamm war ebenso ein kleiner Teil von Cornwall wie Cornwall ein kleiner Teil von England war, ein tragischer und besonderer Menschenschlag, von geringer Zahl und eng miteinander verwandt wie ein keltischer Clan. Der Clan war älter als die Familie Vane, obgleich diese für eine Landbesitzerfamilie vergleichsweise alt war. Denn in vielen Gegenden Englands sind gerade die Aristokraten die zuletzt Angekommenen. Es war die Art von Menschenschlag, die mutmaßlich im Verschwinden begriffen und vielleicht schon verschwunden ist.

Die Objekte des Anstoßes standen knapp hundert Meter vom Sprecher entfernt, der mit seiner Axt in ihre Richtung wies, und dem Vergleich konnte man sich nur schwer entziehen. Die Küste, die sich nach Westen erstreckte, war in sich selbst beinahe so phantastisch wie eine Wolke im Abendlicht. Sie wirkte vor dem Smaragdgrün oder Indigoblau der See wie zu Hörnern und Halbmonden herausgemeißelt, die der Abguss oder die Gussform solch gezackter Ungeheuer hätten sein können; und darunter war sie von Höhlen und Spalten durchbrochen und zerklüftet, als hätten riesige Würmer darin gebohrt. Und über dieser Drachenarchitektur hing, dünner als Dunst, der Schleier eines grauen Waldes – eines Waldes, den die Hexenkunst der See wie üblich verkrümmt und verkrüppelt hatte. Rechterhand zogen sich die Bäume in einer Reihe an der Küste entlang, jeder einzelne in dünnen, krakeligen Linien gezeichnet wie eine Karikatur. Am anderen Ende der Reihe verdichteten sie sich zu einem wirren Haufen von buckligen Zwergbäumen, einem Wäldchen, das sich bis zu einem vorkragenden Teil der Steilküste erstreckte. Dort bot sich der Anblick, von dem so viele Blicke und Gedanken unwillkürlich angezogen wurden.

Aus der Mitte dieses niedrigen und mehr oder weniger ebenen Wäldchens erhoben sich drei Stämme, die aufschossen und in den Himmel ragten wie ein Leuchtturm aus den Wellen oder ein Kirchturm aus den Hausdächern. Sie bildeten eine Gruppe von drei eng beieinander stehenden Säulen, bei der es sich durchaus nur um eine dreistämmige Gabelung eines einzelnen Baumes handeln mochte, dessen unterer Teil in dem umgebenden dichten Gehölz verschwunden oder versunken war. Ihre ganze Erscheinung ließ an etwas Fremderes und Südlicheres denken, südlicher als alles auf diesem letzten Inselzipfel Britanniens, der sich am weitesten gen Spanien und Afrika und zum südlichen Sternenhimmel vorwagt. Ihr federiges Laubwerk war früher als der blasse gelbgrüne Schleier ringsum hervorgesprossen, und es war von einem anderen und unnatürlicheren Grün, ins Blaue spielend, wie die Farben des Eisvogels. Aber mit einiger Phantasie hätte man es für die schuppigen Hälse eines dreiköpfigen Drachen halten können, die über einer zusammengedrängten und fliehenden Viehherde aufragten.

»Es tut mir außerordentlich leid, dass es Ihrer Tochter so schlecht geht«, sagt Vane kurz. »Aber im Ernst …«, und er ging den steilen Weg mit weitausholenden Schritten hinunter.

Das Boot hatte bereits an der kleinen Steinmole festgemacht, und der Bootsmann, ein jüngeres Abbild des Holzfällers – und tatsächlich ein Neffe dieses nützlichen Nörglers –, begrüßte seinen Grundherrn mit der mürrischen Förmlichkeit seiner Familie. Der Squire grüßte beiläufig zurück und hatte all diese Dinge bald vergessen, als er dem Besucher, der soeben an Land gekommen war, die Hand schüttelte. Der Besucher war ein hochgewachsener, schlaksiger Mann, sehr schlank für sein Alter. Seine langen, feinen Gliedmaßen schienen nur aus Knochen und Sehnen zu bestehen und bildeten einen seltsamen Kontrast zu seinem Haar, das unter dem Rand seines weißen Sommerhuts in hellblonden Strähnen um seine hohlen Schläfen hervorschaute. Er war sorgfältig und mit exquisitem Geschmack gekleidet, obgleich er direkt von einer recht langen Seereise kam; und er trug etwas in der Hand, das er auf seinen ausgedehnten Europareisen und noch ausgedehnteren Aufenthalten dort beinahe vergessen hatte, eine Reisetasche zu nennen.

Mr. Cyprian Paynter war Amerikaner, lebte aber in Italien. Es gab noch eine Menge über ihn zu sagen, denn er war ein außerordentlich scharfsinniger und kultivierter Gentleman; aber diese beiden Tatsachen umfassten wahrscheinlich auch die meisten anderen. Er hatte seinen Geist wie ein Museum mit den Wundern der Alten Welt gefüllt, beleuchtet allerdings wie durch ein Fenster mit den Wundern der Neuen Welt, und war so eine Art Erbe der einzigartigen kritischen Position von Ruskin oder Pater geworden und darüberhinaus berühmt als Entdecker unbekannter Dichter. Er war ein besonnener Kritiker und erklärte nicht all seine zweitrangigen Dichter zu erstrangigen Propheten. Wenn er aus seinen Gänsen Schwäne machte, so waren sie doch nicht gleich Schwäne vom Avon. Er hatte sich sogar der Todsünde des Klassizismus schuldig gemacht, als er sich gegen seine jungen Freunde, die Punktuistischen Dichter, stellte, deren Verse ausschließlich aus Kommata und Doppelpunkten bestanden. Er hatte mehr Sympathie für die moderne Flamme, die von den Scheiten der keltischen Mythologie genährt wurde, und es war eigentlich das Auftreten eines neuen Dichters aus Cornwall, eine Art Parallelerscheinung zu den zeitgenössischen irischen Dichtern, die ihn diesmal in diese Gegend führte. Er war allerdings viel zu höflich, um seinen Gastgeber wissen zu lassen, dass er noch etwas anderes suche als dessen Gastlichkeit. Schon vor langer Zeit, noch in den Tagen seines undiplomatischen Dienstes in Zypern, hatte Vane ihn eingeladen. Und Vane konnte nicht ahnen, dass ihre Bekanntschaft erst erneuert worden war, nachdem der Kritiker »Merlin und andere Gedichte« von einem neuen Autor namens Treherne gelesen hatte. Noch durchschaute der Squire auch nur annäherungsweise den diplomatischen Schachzug, mit dem er dazu gebracht worden war, den ortsansässigen Barden an genau dem Tag, da der amerikanische Kritiker ankam, zum Mittagessen einzuladen.

Mr. Paynter blieb mit seiner Reisetasche in der Hand stehen und betrachtete in einer Trance echter Bewunderung die zerklüfteten Steilklippen, bedeckt vom grauen grotesken Wald, gekrönt von den drei phantastischen Bäumen.

»Das fühlt sich an wie ein Schiffbruch im Märchenland«, sagte er.

»Ich hoffe, Sie haben keinen allzu schlimmen Schiffbruch erlitten«, erwiderte sein Gastgeber lächelnd. »Ich gehe davon aus, unser Jake hier hat sich recht gut um Sie gekümmert.«

Mr. Paynter schaute den Bootsmann an und musste ebenfalls lächeln. »Ich fürchte«, sagte er, »unser Freund ist nicht so begeistert von der Landschaft hier wie ich.«

»Ach, wohl wieder die Bäume!«, sagte der Squire müde.

Der Bootsmann war eigentlich Fischer von Beruf, aber da sein Haus, gebaut aus geteertem Holz, nur wenige Schritte von der Mole entfernt stand, wurde er bei solchen Gelegenheiten gerne als Fährmann eingesetzt. Er war ein stämmiger junger Mann mit schwarzen Augenbrauen und in der Regel schweigsam, aber jetzt reizte ihn irgendetwas zum Sprechen.

»Naja, Sir«, sagte er, »jeder weiß, dass das unnatürlich ist. Jeder weiß, dass die See die Bäume verkrüppelt und sie unterkriegt, wenn's nur Bäume sind. Diese Dinger wachsen aber wie gottlose riesige Algen, die nicht aufs Land gehören. Das ist, als ob das … das verfluchte Seeungeheuer an Land gegangen ist, Squire, und alles auffrisst.«

»Es gibt hier eine dämliche Legende«, sagte Squire Vane barsch. »Aber kommen Sie doch hinauf in den Garten. Ich möchte Sie gerne meiner Tochter vorstellen.«

Als sie jedoch den kleinen Tisch unter dem Baum erreichten, hatte sich die scheinbar unbewegliche junge Dame schließlich doch fortbewegt, und es dauerte eine Weile, bis sie ihr auf die Spur kamen. Sie war, wenn auch träge, aufgestanden und langsam den oberen Pfad des terrassierten Gartens entlanggeschlendert und hatte den unteren Pfad in den Blick genommen, wo er sich dem Hauptteil des kleinen Wäldchens über dem Meer näherte.

Ihre Trägheit war kein Zeichen von Schwäche, sondern im Gegenteil Ausdruck der Fülle des Lebens, wie bei einem halbwachen Kind. Sie schien sich zu räkeln und alles zu genießen, ohne irgendetwas wahrzunehmen. Sie ging am Wald vorbei, in dessen grauem Dickicht ein weißer Pfad durch ein schwarzes Loch verschwand. Dieser Teil der Gartenterrasse wurde durch eine niedrige Mauer oder eine Art

Brüstung begrenzt, die hier und da von Blumen umrankt war, und sie lehnte sich darüber und erhaschte noch einen Blick auf das leuchtende Meer hinter dem Gehölz und auf einen weiteren unbefestigten Pfad, der steil zum Strand mit der Anlegestelle und der Kate des Bootsmanns hinabführte.

Während sie versonnen vor sich hinschaute, sah sie, wie eine fremde Gestalt, offenbar von der Kate des Fischers kommend, energisch den Pfad erklomm; so energisch, dass sie schon bald zwischen den Bäumen hervortrat und auf dem Pfad gleich unter ihr stand. Die Gestalt war nicht nur fremd für sie, sondern in sich fremdartig. Es war ein noch junger Mann, jünger jedenfalls als seine Kleidung nahelegte, die nicht nur abgetragen, sondern auch veraltet war; Kleidung von durchaus konventionellem Schnitt, aber auf unkonventionelle Weise getragen. Er trug etwas wie einen leichten Regenmantel, wahrscheinlich weil er von der See her kam. Aber dieser war nur mit einem Knopf am Hals geschlossen, und der Rest, Ärmel und alles, saß nicht wie ein Mantel, sondern hing eher wie ein Cape an ihm herunter. Er stützte seine knochige Hand auf einen schwarzen Stock; unter dem Schatten seines ausladenden Huts lugten ein oder zwei schwarze Locken hervor. Sein Gesicht, das braungebrannt, aber an sich recht ansprechend war, zeigte ein sardonisches Lächeln, das aber mutmaßlich nur Verlegenheit ausdrückte.

Ob diese merkwürdige Erscheinung ein Vagabund oder ein unbefugter Eindringling war oder ein Freund der Fischer oder Holzfäller, konnte Barbara Vane nicht erraten. Er nahm seinen Hut ab, immer noch mit dem unverändert unheimlichen Lächeln, und sagte höflich: »Verzeihen Sie. Der Squire hat mich hergebeten.« In diesem Augenblick sah er Martin, den Holzfäller, der sich den Pfad entlangarbeitete und die dünnen Bäume lichtete. Der Fremde grüßte ihn vertraulich, indem er einen Finger hob.

Die junge Frau wusste nicht, was sie sagen sollte. »Sind Sie – sind Sie zum Holzschlagen da?«, fragte sie schließlich.

»Ich wünschte, ich ginge einem so ehrlichen Handwerk nach«, erwiderte der Fremde. »Martin ist, glaube ich, ein entfernter Cousin von mir. Wir cornischen Leute aus der Gegend hier sind fast alle verwandt, wissen Sie. Aber ich schlage kein Holz. Ich schlage gar nichts – außer vielleicht Kapriolen. Ich bin sozusagen ein *Saltimbanque*.«

»Ein was?«

»Sollen wir sagen, ein Barde oder Troubadour?«, antwortete der Neuankömmling und sah mit festerem Blick zu ihr hinauf. Während eines etwas unbehaglichen Schweigens ruhten ihre Augen aufeinander. Was sie sah, wurde schon vermerkt, auch wenn sie es nicht recht verstand. Was er sah, war eine fraglos schöne junge Frau mit dem Gesicht einer Statue und Haaren, die in der Sonne wie ein kupferner Helm leuchteten.

»Wissen sie«, fuhr er fort, »dass an diesem alten Ort, genau wo ich jetzt stehe, vor Hunderten von Jahren vielleicht wirklich ein Saltimbanque stand, und dass vielleicht eine Dame über die Mauer schaute und ihm Geld zuwarf?«

»Wollen Sie Geld?«, fragte sie ratlos.

»Nun«, sagte der Fremde, »in dem Sinne, dass es daran hapert, wohl möglich, aber ich fürchte, es gibt keinen Ort für Troubadoure mehr, höchstens noch für Minstrelshows. Ich muss mich entschuldigen, dass ich mein Gesicht nicht geschminkt habe.«

Sie lachte ein wenig in ihrer Verwirrung und sagte: »Ich glaube kaum, dass Sie das nötig haben.«

»Sie meinen, die Einheimischen hier sind schon dunkel genug«, bemerkte er gelassen. »Schließlich sind wir alle Eingeborene und werden wie solche behandelt.«

Sie machte eine hilflose Bemerkung über das Wetter oder die Landschaft und fragte sich, was als Nächstes kommen würde.

»Die Aussicht ist ohne Frage wundervoll«, bestätigte er

auf die gleiche rätselhafte Weise. »Es gibt nur eine Sache darin, die mir nicht ganz geheuer ist.«

Während sie schwieg, hob er langsam seinen Stock wie einen langen schwarzen Finger und zeigte damit auf die Pfauenbäume über dem Wald. Und eine seltsame Unruhe beschlich die junge Frau, als hätte diese bloße Geste eine zerstörerische Kraft und könnte den Garten verwelken lassen.

Das angespannte und fast schmerzhafte Schweigen wurde aus der Ferne durch die laute Stimme von Squire Vane unterbrochen.

»Wir hatten keine Ahnung, wo du abgeblieben bist, Barbara«, sagte er. »Das hier ist mein Freund Mr. Cyprian Paynter.« Im nächsten Augenblick sah er den Fremden und hielt verblüfft inne.

Nur Mr. Cyprian Paynter erwies sich der Situation als gewachsen. Er hatte vor einigen Monaten in einem amerikanischen Literaturmagazin ein Porträtfoto des neuen Dichters aus Cornwall gesehen und befand sich nun zu seiner eigenen Überraschung in der Rolle desjenigen, der vorstellte, statt vorgestellt zu werden.

»Aber Squire«, sagte er höchst verwundert, »kennen Sie Mr. Treherne etwa nicht? Ich war davon ausgegangen, dass Sie Nachbarn sind.«

»Wie schön, Sie kennenzulernen, Mr. Treherne«, sagte der Squire, der mit einer gewissen warmherzigen Zerstreutheit seine Manieren wiedergewann. »Ich freue mich sehr, dass Sie Zeit für uns gefunden haben. Dies ist Mr. Paynter – meine Tochter«, und mit leicht ungestümer Verlegenheit wandte er sich um und führte den Weg zum Tisch unter dem Baum an.

Cyprian Paynter folgte ihm und grübelte dabei über ein Rätsel, das ihn bei aller Erfahrung völlig überrascht hatte. Der Amerikaner war zwar intellektuell ein Aristokrat, sozial aber im tiefsten Innern immer noch Demokrat. Es war ihm nie in den Sinn gekommen, dass der Dichter sich glücklich schätzen sollte, den Squire kennenzulernen, und nicht umgekehrt der Squire den Dichter. Das unverhohlen Gönnerhafte in Vanes Gastfreundschaft erweckte in Paynter doch das Gefühl, ein bloßer Exilant in England zu sein.

Der Squire, der die Anstrengung eines Mittagessens mit einem fremden Literaten voraussah, hatte seiner eigenen Einschätzung nach die Sache recht taktvoll eingerichtet. Der Gast hätte sich vermutlich in der hohen Gesellschaft der Grafschaft wie ein Fisch auf dem Trockenen gefühlt; und so hatte er das Ganze, abgesehen von dem amerikanischen Kritiker und dem örtlichen Anwalt und Arzt, würdigen Vertretern der Mittelschicht, die ins Bild passten, als Familieneinladung arrangiert. Er war Witwer, und als das Essen aufgetragen wurde, fungierte Barbara als Gastgeberin. Zu ihrer Rechten saß der neue Dichter, was ihr nicht wenig Unbehagen bereitete. Praktisch hatte sie diesem falschen Saltimbanque Geld angeboten, und ihm nun ein Mittagessen anzubieten, machte es nicht leichter.

»Die ganze Gegend ist verrückt geworden«, kommentierte der Squire die letzten Lokalneuigkeiten. »Es dreht sich natürlich wieder um unsere infernalische Legende.«

»Ich sammle Legenden«, sagte Paynter lächelnd. »Sie dürfen nicht vergessen, dass ich bisher keine Gelegenheit hatte, die hiesigen zu sammeln. Und diese Landschaft hier«, und er blickte sich zu der romantischen Küste um, »ist ein wunderbarer Schauplatz für alles Dramatische.«

»Ach, sie ist auf ihre Weise durchaus dramatisch«, gab Vane, nicht ohne einen Hauch Genugtuung, zu. »Es dreht sich alles um die Dinger da drüben, die wir Pfauenbäume nennen – ich nehme an wegen der seltsamen Farbe ihrer Blätter, wissen Sie, aber ich habe auch gehört, dass sie bei starkem Wind ziemlich schrille Geräusche machen, die sich wie Pfauenschreie anhören sollen. Vielleicht liegt es an einer bambusähnlichen Pflanzenstruktur. Nun, diese Bäume soll mein Vorfahr Sir Walter Vane – einer der elisabethanischen Patrioten oder Piraten oder wie Sie sie nennen wollen – von den Barbaresken in Nordafrika hergebracht haben. Angeblich haben sich die Dorfbewohner am Ende seiner letzten Reise unten am Strand versammelt und zugesehen, wie das Schiff in die Bucht einlief, und die drei Bäume ragten wie Masten hoch, geschmückt mit Blättern außer der Jahreszeit – wie eine grüne Beflaggung. Und zuerst dachten sie, dass das Schiff seltsam steuert, und dann, dass es überhaupt nicht steuerte. Und als es schließlich an den Strand driftete, waren alle Mann an Bord tot, und Sir Walter Vane lehnte mit gezogenem Schwert am Baumstamm, so steif wie der Baum.«

»Na, wenn das nicht seltsam ist«, bemerkte Paynter nachdenklich. »Ich habe Ihnen ja gesagt, dass ich Legenden sammle, und ich glaube, ich kann Ihnen den Anfang der Geschichte erzählen, von der dies das Ende ist, auch wenn sie über Hunderte von Meilen aus Übersee kommt.«

Er trommelte gedankenvoll mit seinen schmalen Fingern auf dem Tisch wie jemand, der versucht, sich an eine Melodie zu erinnern. Solche Fabeln waren tatsächlich ein Hobby von ihm, und er schmeichelte sich, sie durchaus kunstfertig vorzutragen.

»Oh, bitte erzählen Sie uns davon!«, rief Barbara Vane, deren sonnige Schläfrigkeit zu einem gewissen Grad von ihr abgefallen schien.

Der Amerikaner verneigte sich mit ernster Höflichkeit zu ihr hin und begann dann zu sprechen, wobei er mit einem sonderbaren Ring an seinem Mittelfinger spielte.

»Wenn man an die Barbareskenküste kommt, wo die letzten Ausläufer des Urwalds sich zwischen der Wüste und dem großen gezeitenlosen Meer verlieren, trifft man immer noch auf Einwohner, die eine seltsame Geschichte über einen Heiligen aus dem finsteren Mittelalter erzählen. Dort, an der Grenze zum dunklen Kontinent, kann man das finstere Mittelalter noch spüren. Ich war nur einmal in der Gegend, obgleich sie gewissermaßen gegenüber der italienischen Stadt liegt, in der ich jahrelang gelebt habe, und doch werden Sie sich unschwer vorstellen können, wie das Verwirrende und die Verbreitung dieser Legende irgendwie viel weniger verrückt wirkten, während im nächtlichen Urwald die Löwen brüllten und dahinter die dunkelrote Einsamkeit begann. Sie sagen, der Einsiedler Sankt Securis, der dort unter den Bäumen lebte, habe diese mit der Zeit wie Freunde geliebt, da sie zwar ungeheure Riesen mit vielen Armen wie Briareos, aber dennoch die sanftesten und arglosesten aller Kreaturen waren. Sie fraßen nicht wie die Löwen, sondern breiteten ihre Arme für alle Vögel aus. Und er betete darum, dass sie von Zeit zu Zeit befreit würden, um gehen zu können wie andere Wesen. Und die Bäume wurden von Securis' Gebeten so bewegt wie von den Liedern des Orpheus. Den Wüstenbewohnern jagte es schon von Weitem Angst und Schrecken ein, wenn sie den Heiligen mit seinen Bäumen umherwandern sahen wie einen Lehrer mit seinen Schuljungen. Denn die Bäume waren nur unter der Bedingung strengster Disziplin befreit worden. Wenn der Einsiedler seine Glocke läutete, mussten sie zurückkehren, und vor allem sollten sie die wilden Tiere nur in ihrem Gang nachahmen und durften nichts zerstören oder fressen. Nun, angeblich hörte einer der Bäume eine Stimme, die nicht die des Heiligen war – im warmen grünen Dämmerlicht eines Sommerabends bemerkte er in seinen Ästen etwas in der Gestalt eines großen Vogels, und das war dasselbe Wesen, das einst in der Gestalt einer Schlange von einem Baum gesprochen hatte. Als die Stimme zwischen den flüsternden Blättern lauter wurde, überkam den Baum ein großes Verlangen, sich nach den Vögeln zu recken, die harmlos zu ihren Nestern flogen, und sie zu fangen und in Stücke zu reißen. Schließlich füllte der Versucher den Baumwipfel mit seinen eigenen Vögeln des

Hochmuts, dem Sternenglanz der Pfauen. Und der Geist des Bösen kam über den Geist des Baumes, und er zerriss und verschlang die blaugrünen Vögel bis zur letzten Feder und kehrte dann zum stillen Stamm der Bäume zurück. Aber es wird erzählt, als der Frühling Einzug hielt, sprossen bei all den anderen Bäumen Blätter, nur bei diesem wuchsen Federn von seltsamer Form und Farbe. Durch diese grausige Verwandlung erfuhr der Heilige von der Sünde, und er ließ diesen einen Baum in der Erde festwurzeln und sprach das Urteil, dass jeden, der den Baum noch einmal versetzte, ein Übel befallen werde. Das also, Squire, ist der Beginn der Geschichte in der Wüste, und die Geschichte endet hier, fast in diesem Garten.«

»Und das Ende ist ungefähr so glaubwürdig wie der Anfang, würde ich sagen«, meinte Vane. »Das ist eine hübsche kleine Geschichte für eine Teegesellschaft – das heißt, ein nettes kleines Stillleben.«

»Was für eine seltsame, entsetzliche Geschichte«, rief Barbara. »Man fühlt sich ja wie ein Kannibale.«

»*Ex Africa*«, sagte der Anwalt lächelnd. »Sie stammt aus einem kannibalischen Land. Ich finde, sie gibt einem dieses Albtraumgefühl von Grenzüberschreitung, so dass man nicht weiß, ist der Held eine Pflanze oder ein Mensch oder ein Teufel. Hat man das nicht manchmal auch bei ›Onkel Remus‹?«

»Stimmt«, sagte Paynter. »Vollkommen richtig.« Und er nahm den Anwalt mit neuem Interesse wahr. Der Anwalt, der als Mr. Ashe vorgestellt worden war, gehörte zu jenen Menschen, die mehr Aufmerksamkeit verdient haben, als ihnen dem ersten Augenschein nach zukommt. Hätte Napoleon rote Haare gehabt und seine ganze Kraft der Befriedung kleinkarierter provinzieller Rechtshändel gewidmet, hätte er vielleicht ganz ähnlich ausgesehen; der Kopf mit dem roten Haar war kantig und mächtig; die Gestalt in ihrer dunklen, dezenten Kleidung dagegen war vergleichsweise so unscheinbar wie die Napoleons. Er schien sich in der Gesellschaft des Squire wohler zu fühlen als der Arzt, der zwar ein Gentleman, aber zurückhaltend und ein bloßer Schatten seines akademischen Kollegen war.

»Wie Sie richtig sagen«, bemerkte Paynter, »trägt die Geschichte recht barbarische Züge, wahrscheinlich aus der Schwarzen Überlieferung. Doch ursprünglich, glaube ich, gab es da wirklich eine hagiographische Geschichte über einen Eremiten, auch wenn einige der bedeutenderen Forscher sagen, dass Sankt Securis nie existiert hat, sondern eine Allegorie der Waldbewirtschaftung war, da sein Name auf Lateinisch ›Axt‹ bedeutet.«

»Naja, so gesehen«, sagte der Dichter Treherne, »könnte man auch sagen, dass Squire Vane nicht existiert und dass er nur die Allegorie eines Wetterhahns ist.« Dieser Scherz war doch ein wenig zu dreist, so dass sich dem Anwalt die roten Brauen zusammenzogen. Er sah über den Tisch und begegnete dem vieldeutigen Lächeln des Dichters.

»Verstehe ich Sie richtig, Mr. Treherne«, fragte Ashe, »dass Sie der Wundererzählung über Sankt Securis in diesem Fall beipflichten? Glauben Sie etwa an wandelnde Bäume?«

»Ich betrachte Menschen als wandelnde Bäume«, antwortete der Dichter, »wie der Mann, der im Evangelium von der Blindheit geheilt wurde. Und verstehe ich Sie richtig, dass Sie den Wunderbehauptungen jenes – Thaumaturgen Glauben schenken?«

Paynter ergriff rasch und begütigend das Wort. »Na, wenn das kein faszinierendes Stück Psychologie ist! Sie sehen Menschen als Bäume?«

»Da ich mir nicht vorstellen kann, warum Menschen gehen sollten, kann ich mir auch nicht vorstellen, warum Bäume es nicht tun sollten«, antwortete Treherne.

»Offensichtlich liegt es in der Natur des Organismus«, warf der Mediziner Dr. Burton Brown ein. »Es gehört zur besonderen vegetabilen Struktur.«

»Mit anderen Worten steckt ein Baum jahrein, jahraus im Matsch«, erwiderte Treherne. »So wie Sie jeden Tag von zehn bis elf Uhr in Ihrem Sprechzimmer sitzen. Aber könnte es nicht sein, dass eine Elfe, die Sie für einen winzigen Moment durchs Fenster anschaut, nachdem sie über den Mond gehüpft ist und mit den Plejaden Ringelreihen gespielt hat, Sie für eine vegetabile Struktur hält, deren organische Natur das Stillsitzen ist?«

»Zufällig glaube ich nicht an Märchen«, sagte der Arzt etwas schmallippig, denn dieses *argumentum ad hominem* wurde ihm langsam zu bunt. Eine schweflige, unterbewusste Wut schien von dem dunklen Dichter auszugehen.

»Na, das möchte ich auch hoffen, Doktor«, begann der Squire in seiner lauten und leutseligen Art, hielt dann aber inne, als er sah, dass die Aufmerksamkeit des anderen abgelenkt wurde. Der stille Butler, der die Gäste bei Tisch bediente, erschien hinter dem Stuhl des Arztes und sagte etwas in dem leisen Ton des wohlgeschulten Dieners. Er war ein so geschmeidiger Vertreter seiner Art, dass Außenstehenden zunächst nie auffiel, dass auch in ihm sich das dunkle, in seinem Fall allerdings mit Firnis überzogene Porträt wiederholte, das in dieser besonderen Familie von cornischen Kelten so verbreitet war. Sein Gesicht war fahl, sogar gelblich, und sein Haar indigoschwarz. Er hieß Miles. Manche Leute waren von dem Stammestypus in diesem winzigen Zipfel Englands eingeschüchtert. Sie hatten irgendwie das Gefühl, all diese dunkler getönten Gesichter seien Masken einer Geheimgesellschaft.

Der Arzt erhob sich mit einer halbherzigen Entschuldigung. »Ich muss um Verzeihung bitten, dass ich diese angenehme Gesellschaft störe; ich werde zum Dienst gerufen. Bitte bleiben Sie alle sitzen. Wir müssen uns für solche Dinge bereithalten, wie Sie wissen. Vielleicht wird mir Mr. Treherne zugestehen, dass meine Gewohnheiten dann doch nicht so übermäßig vegetabil sind.« Mit dieser

Retourkutsche, die einiges Gelächter hervorrief, schritt er eilends über den besonnten Rasen davon zu der Straße, die zum Dorf hinabführte.

»Er ist sehr gut zu den Armen«, sagte die junge Frau mit liebenswürdigem Ernst.

»Ein Prachtkerl«, pflichtete der Squire bei. »Wo ist Miles? Möchten Sie eine Zigarre, Mr. Treherne?« Und er erhob sich vom Tisch. Die anderen folgten seinem Beispiel, und die Gruppe machte sich auf den Weg über den Rasen.

»Bemerkenswerter Mann, dieser Treherne«, sagte der Amerikaner im Plauderton zum Anwalt.

»Bemerkenswert ist das richtige Wort«, stimmte Ashe grimmig zu. »Ich denke aber nicht, dass ich eine Bemerkung über ihn machen will.«

Der Squire – zu ungeduldig, um auf den gelbgesichtigen Miles zu warten – war wegen der Zigarren selbst ins Haus gegangen, und Barbara sah sich erneut allein mit dem Dichter, als sie durch den Terrassengarten flanierte, doch diesmal, symbolisch genug, auf der gleichen Rasenebene. Mr. Treherne sah weniger verschroben aus, nachdem er seinen sonderbaren Mantel abgelegt hatte, und wirkte entspannter und ungezwungener.

»Ich wollte vorhin nicht unhöflich zu Ihnen sein«, sagte sie unvermittelt.

»Das ist ja das Schlimme«, erwiderte der Mann des Worts, »denn leider fürchte ich, dass ich mit Absicht unhöflich zu Ihnen gewesen bin. Als ich zu Ihnen hinaufsah, wurde etwas in mir aufgewühlt, das alle Revolutionen der Geschichte in Gang gesetzt hat. Oh, es war auch Bewunderung dabei! Vielleicht hatten alle Bilderstürmer einen Hang zur Idolatrie.«

Er verfügte offenbar über die Fähigkeit, ein Gespräch in einem stummen, affenartigen Sprung in eine recht vertrauliche Richtung zu lenken, so wie er den steilen Weg erklommen hatte, und dadurch kam er ihr gefährlich und vielleicht sogar skrupellos vor. Sie wechselte unvermittelt das Thema, jedoch nicht ohne ihre Neugier befriedigen zu wollen.

»Was haben Sie denn mit den wandernden Bäumen *gemeint*?«, fragte sie. »Erzählen Sie mir nicht, dass sie an magische Bäume glauben, die Vögel verschlingen.«

»Sie würden sich wahrscheinlich mehr über die Dinge wundern, die ich nicht glaube, als über die, die ich glaube«, erklärte er.

Dann, nach einer Pause, machte er eine ausgreifende Geste, die Haus und Garten einschloss. »Ich fürchte, ich glaube an all das hier nicht – zum Beispiel an elisabethanische Herrenhäuser und elisabethanische Familien und die Art, wie Anwesen verschönert wurden und so weiter. Sehen Sie sich mal unseren Freund, den Holzfäller, an.« Und er zeigte auf den Mann mit dem wunderlichen schwarzen Bart, der immer noch seine Axt in dem kleinen Wald unten schwang.

»Die Familie dieses Mannes ist uralt, und sie war in der Zeit, die Sie das finstere Mittelalter nennen, sehr viel reicher und freier als heute. Warten Sie nur, bis der cornische Bauer eine Geschichte Cornwalls schreibt.«

»Aber was, um alles in der Welt«, fragte sie, »hat das damit zu tun, ob Sie glauben, dass ein Baum Vögel frisst?«

»Warum sollte ich einbekennen, woran ich glaube?«, sagte er mit einem gedämpften Aufbegehren in der Stimme. »Die Adeligen sind hierher gekommen und haben unser Land genommen, unsere Arbeit und unsere Sitten. Und jetzt, nach der Ausbeutung, kommt eine noch üblere Sache: Bildung! Man muss uns unsere Träume nehmen!«

»Naja, dieser Traum war eher ein Albtraum, oder?«, fragte Barbara lächelnd, wurde im nächsten Augenblick aber ernst und sagte fast beunruhigt: »Aber da ist ja Dr. Brown zurück! Er sieht ganz mitgenommen aus.«

Der Arzt, eine schwarze Gestalt auf dem grünen Rasen, kam in der Tat mit raschen Schritten auf sie zu. Sein Körper und Gang waren deutlich jünger als sein Gesicht, das vorzeitig von Sorgenfalten gezeichnet schien; über seiner leicht vorgewölbten Stirn waren die dunklen Haare glatt zurückgekämmt. Er war sichtlich blasser als vorhin am Essenstisch.

»Leider, Miss Vane«, sagte er, »bringe ich schlechte Nachrichten für den armen Martin, den Holzfäller hier. Seine Tochter ist vor einer halben Stunde gestorben.«

»Oh!«, rief Barbara bestürzt. »Wie schrecklich!«

»Ja, das ist es«, sagte der Arzt und ging hastig weiter. Er lief die Steintreppe zwischen den Urnen hinunter; und sie sahen, wie er mit dem Holzfäller sprach. Dessen Gesicht konnten sie nicht sehen. Er stand mit dem Rücken zu ihnen, aber sie sahen etwas, das bewegender war als eine Veränderung des Gesichtsausdrucks. Der Mann hob die Hand mit der Axt hoch über den Kopf, und einen Augenblick schien es, als wolle er den Arzt erschlagen. Aber in Wahrheit sah er den Arzt gar nicht an. Sein Blick richtete sich zur Steilküste, wo aus dem Zwergwald die riesigen, von der Sonne vergoldeten Pfauenbäume emporragten.

Die kräftige braune Hand machte eine Bewegung, und die Axt wirbelte durch die Luft, wobei ihr Kopf wie ein silberner Halbmond gegen das graue Zwielicht der Bäume aufblitzte. Sie erreichte nicht ihr Ziel, sondern fiel ins Unterholz und schreckte einen Schwarm Vögel auf. Doch im Gedächtnis des Dichters, das von urtümlichen Dingen erfüllt war, schien etwas zu sagen, er habe die Vögel einer heidnischen Prophezeiung gesehen, die Axt eines heidnischen Opfers.

Einen Moment darauf machte der Mann eine schwerfällige Bewegung nach vorn, als wollte er sein Werkzeug zurückholen, doch der Arzt ergriff seinen Arm.

»Machen Sie sich darüber jetzt keine Gedanken«, sagte er traurig und freundlich. »Der Squire wird Sie von der Arbeit dispensieren, da bin ich mir sicher.«

Aus irgendeinem Grund sah die junge Frau Treherne an. Er starrte mit leicht gebeugtem Kopf vor sich hin, und eine seiner schwarzen Elfenlocken war ihm vorn über die Stirn gefallen. Und erneut hatte sie das Gefühl, dass ein Schatten über dem Gras lag; es schien ihr geradezu, als wäre das Gras eine Heerschar von Elfen, und die Elfen waren nicht ihre Freunde.

II

Squire Vanes Wette

Erst über einen Monat später kam im Kreis des Squire die Legende der Pfauenbäume erneut zur Sprache. Seine eigenwillige Vorliebe für Mahlzeiten im Garten hatte die Gesellschaft um den gleichen Tisch versammelt, nun von einer Lampe beleuchtet und gedeckt für ein Dinner in der glühenden Frühlingsdämmerung. Es war sogar die gleiche Gesellschaft, denn in den wenigen Wochen dazwischen waren sie sich unmerklich immer näher geworden und bildeten mittlerweile eine Art kleinen Club. Der amerikanische Ästhet war natürlich die treibende Kraft, weil er dem Geheimnis des cornischen Dichters auf den Grund gehen wollte und daher seinen launenhaften Gastgeber fortwährend zu solchen Treffen drängte. Selbst Mr. Ashe, der Anwalt, schien seine halb humorvollen Vorurteile heruntergeschluckt zu haben. Und der Arzt, wenn auch eher betrübt und schweigsam, war ein geselliger und besonnener Mann. Paynter hatte sogar Gedichte von Treherne vorgetragen, und er las vorzüglich. Er hatte auch andere Dinge gelesen, für sich im Stillen, wobei er alles aus der Nachbarschaft verschlang, was seinem Verständnis der örtlichen Altertümer helfen konnte – von Reiseführern bis zu Grabplatten. Und in dieser Stunde nun – die Lichter und das letzte Abendrot brachten den Wein und das Silber auf dem Tisch unter dem Baum zum Leuchten – verkündete er eine neue Entdeckung.

»Wissen Sie, Squire«, bemerkte er mit einem seiner seltenen Amerikanismen, »Ihre Gespensterbäume da – ich glaube, Sie kennen nicht mal die Hälfte der Geschichten, die darüber die Runde machen. Anscheinend haben sie eine Neigung, Dinge aufzuessen. Nicht, dass ich ethische Einwände gegen das Essen habe«, und damit nahm er sich elegant ein Stück vom Schimmelkäse, »aber ich habe, schlicht gesagt, etwas dagegen, Menschen zu essen.«

»Menschen essen!«, wiederholte Barbara Vane.

»Ich weiß, dass ein Globetrotter nicht wählerisch sein sollte«, sagte Paynter. »Aber ich bin ganz entschieden gegen den Verzehr von Menschen. Die Pfauenbäume scheinen sich seit den paradiesischen Tagen der Unschuld, als sie nur Pfauen aßen, weiterentwickelt zu haben. Wenn man die Leute hier befragt – den Fischer, der am Strand wohnt, oder den Mann, der den Rasen hier vor unserer Nase mäht –, dann erzählen sie Geschichten, die weit über die tropische hinausgehen, die ich Ihnen von der Barbareskenküste mitgebracht habe. Wenn man sie fragt, was dem Fischer Peters zugestoßen ist, der am Abend vor Allerheiligen betrunken war, dann erzählen sie einem, dass er sich in dem kleinen Wäldchen verlaufen hat, unter den bösartigen Bäumen hingefallen und eingeschlafen ist, und dann – verdampft, verschwunden ist, aufgeleckt wie Tau von der Sonne. Wenn man sie fragt, wo Harry Hawke abgeblieben ist, der kleine Sohn der Witwe, dann sagen sie einem schlicht, er ist verschlungen worden – dass er als Mutprobe die Bäume hinaufgeklettert und die ganze Nacht dort sitzen geblieben ist. Was die Bäume taten, wissen die Götter. Die Gewohnheiten vegetabiler Menschenfresser lassen uns hier ein bisschen im Ungefähren. Aber die Leute fügen noch das liebenswürdige Detail hinzu, dass ein neuer Ast am Baum sprießt, wenn jemand sich auf diese Weise davongemacht hat.«

»Was ist das schon wieder für ein Blödsinn?«, rief Vane. »Ich weiß, es gibt da diese irre Legende, die Bäume würden Fieber verbreiten, obwohl jeder halbwegs gebildete Mensch weiß, warum diese Epidemien immer mal wiederkehren. Und ich weiß auch, dass sie sagen, man könne im Sturm ihre Geräusche von denen anderer Bäume unterscheiden, und das ist gut möglich. Aber selbst Cornwall ist kein Irrenhaus, und ein Baum, der einen vorbeikommenden Touristen zum Abendessen verspeist …«

»Nun, die beiden Geschichten sind durchaus miteinander vereinbar«, sagte der Dichter bedächtig. »Wenn es einen Zauber gibt, der die Menschen tötet, wenn sie nah dran sind, dann ist es nicht unwahrscheinlich, dass er sie mit Krankheit überzieht, wenn sie weiter weg sind. In den alten Sagen vernichtet der menschenfressende Drache die übrigen oft mit seinem giftigen Atemhauch.«

Ashe sah den Sprecher mit eisiger Miene an.

»Verstehe ich das recht«, fragte er, »dass auch Sie gegen die fressenden Bäume nichts einzuwenden haben?«

Trehernes geheimnisvolles Lächeln wirkte immer noch abwehrend. Seine Wortfechterei ging dem anderen auf die Nerven, und er schien nicht ohne Boshaftigkeit bei diesem Thema.

»Fressen ist eine Metapher«, sagte er, »zumindest für mich, wenn nicht für die Bäume. Und Metaphern bringen uns unversehens ins Traumland – auch kein schlechter Ort. Ich glaube, dieser Garten wird auf der Schwelle vom Tag zur Nacht immer mehr wie ein Traum, der uns wer weiß wohin führen kann.«

Die gelbe Mondsichel war unbemerkt über den schwarzen Wipfeln des Küstenwaldes aufgestiegen, als wolle sie mit einem Mal etwas zur Nacht erklären, was bis dahin noch Abend gewesen war. Eine Nachtbrise durchwehte die Bäume und fuhr verstohlen über den Rasen, und als ihr Gespräch verstummte, hörten sie nicht nur das wogende Gras, sondern das Meer selbst, das ringsum in den Felsspalten und Höhlen unter ihnen und auf allen Seiten rauschte und rumorte. Sie alle wurden von der gleichen Stimmung erfasst, der Amerikaner als Kunstkritiker und der Dichter als Dichter; doch der Squire, der seine aufwallende Ungeduld für vollkommen rational hielt, verstand seine eigene

Ungeduld nicht wirklich. Vielleicht mehr als den anderen – jedenfalls mehr, als ihm selbst bewusst war – stieg ihm der Seewind zu Kopf wie Wein.

»Leichtgläubigkeit ist etwas Merkwürdiges«, fuhr Treherne leise fort. »Sie ist eher negativ als positiv, und doch ist sie unbegrenzt. Hunderte von Menschen vermeiden, unter einer Leiter hindurchzugehen; sie wissen nicht, wohin der Durchgang unter der Leiter führt. Sie glauben nicht wirklich, Gott würde einen Blitz auf sie schleudern, wenn sie es täten. Sie wissen nicht, was passieren würde, das ist das Wesentliche. Und doch treten sie zur Seite, als müssten sie einem Abgrund ausweichen. So mögen die armen Menschen hier irgendetwas glauben oder auch nicht; sie gehen jedenfalls bei Nacht nicht in diesen Wald.«

»Ich gehe unter jeder Leiter durch«, rief Vane erregter als nötig.

»Sie gehören zum Dreizehner-Club«, sagte der Dichter. »Sie gehen am Freitag unter einer Leiter durch, um zu dreizehnt an einem Tisch zu dinieren, und alle verschütten das Salz. Aber selbst Sie gehen nachts nicht in diesen Wald.«

Squire Vane stand auf, sein silbernes Haar flammte im Wind.

»Ich werde die ganze Nacht in Ihrem albernen Wald und sogar oben auf Ihren albernen Bäumen verbringen«, sagte er. »Das mache ich für zwei Pence oder zweitausend Pfund, falls jemand mit mir wetten will.«

Ohne auf eine Antwort zu warten, schnappte er seinen weißen Panamahut, setzte ihn sich entschlossen auf und überquerte mit ausgreifenden Schritten den Rasen, bevor irgendjemand am Tisch sich rühren konnte.

Das Schweigen wurde unterbrochen, als Miles, der Butler, einen der Teller zu Bruch gehen ließ. Er stand da und schaute seinem Herrn nach, das lange, eckige Kinn vorgereckt, das von unten, wo das gelbe Licht der Tischlampe es traf, noch gelber aussah. Sein Gesicht lag im Schatten, doch

Paynter bildete sich für einen kurzen Moment ein, dass seine Züge von einem Gefühl verzerrt wurden, das stärker war als bloße Überraschung. Doch als er sich umwandte, war das Gesicht vollkommen normal, und Paynter merkte, dass eine Nacht der Phantasien begonnen hatte, wie die Verwicklungen im »Sommernachtstraum«.

Der Wald mit den fremden Bäumen, dem sich der Squire nun näherte, lag so weit am Ende der Klippe, die beinahe über das Meer hinausragte, dass er nur auf einem einzigen Pfad erreicht werden konnte, der jetzt im Dämmerlicht wie ein silbernes Band glänzte. Das Band zog sich am Rand des Steilufers hin, wo es von einer Reihe verkrüppelter Bäume gesäumt war, und tauchte schließlich durch ein natürliches Tor, einen finsteren Spalt zwischen den Bäumen, der dem Rachen eines Löwen glich, in den dicht stehenden Wald ein. Was darin aus dem Pfad wurde, konnte man nicht sehen, aber zweifellos führte er im Zentrum um die Wurzeln der großen Bäume herum. Der Squire befand sich nur noch ein oder zwei Meter vor diesem dunklen Eingang, als seine Tochter vom Tisch aufstand und ein paar Schritte in seine Richtung ging, als wollte sie ihn zurückrufen.

Treherne hatte sich ebenfalls erhoben und stand wie benommen von den Folgen seines leichtfertigen Widerspruchsgeists. Als Barbara die ersten Schritte tat, kam er wieder zu sich, folgte ihr und sagte etwas, das Paynter nicht verstehen konnte. Er sagte es obenhin und aus gehörigem Abstand, aber dennoch löste es etwas in ihr aus, denn nach einem kurzen Moment der Überlegung nickte sie und ging zurück, aber nicht zum Tisch, sondern offenkundig in Richtung Haus. Paynter schaute ihr mit flüchtiger Neugier hinterher, und als er sich wieder umwandte, war der Squire im Dunkel des Waldes verschwunden.

»Er ist weg«, sagte Treherne in so endgültigem Ton, als schlüge er eine Tür zu.

»Na, und wenn schon!«, rief der Anwalt unwirsch. »Der Squire wird doch wohl in seinen eigenen Wald gehen dürfen! Was zum Teufel soll die ganze Aufregung, Mr. Paynter? Sie wollen mir doch wohl nicht erzählen, dass Sie glauben, in dieser Streichholzplantage lauere Ungemach?«

»Nein, das glaube ich nicht«, sagte Paynter, schlug ein Bein über das andere und zündete sich eine Zigarre an. »Aber ich werde hierbleiben, bis er wieder herauskommt.«

»Na schön«, sagte Ashe schroff. »Ich warte mit Ihnen, und wenn nur, um das Ende dieses Affentheaters mit anzusehen.«

Der Arzt sagte nichts, aber auch er blieb sitzen und nahm von dem Amerikaner eine Zigarre an. Wenn Treherne da geblieben wäre, dann wäre ihm bei seinem spöttischen Aberglauben eine seltsame Tatsache aufgefallen – dass die drei Männer sich zwar verpflichteten, wenn nötig die ganze Nacht aufzubleiben, dass sie es aber in stillschweigender Übereinkunft für undenkbar hielten, ihrem Gastgeber in den nahen Wald zu folgen. Treherne jedoch, obgleich immer noch im Garten, hatte sich weiter vom Tisch entfernt und folgte der Baumreihe vor dem dunklen Hintergrund des Meeres. Die Bäume glichen mit ihren regelmäßigen Lücken, welche das Meer wie durch Fenster sichtbar machten, dem Gespenst oder dem Skelett eines Kreuzgangs, und er, der seinen Mantel erneut wie ein Cape um den Nacken gelegt hatte, ging dort auf und ab wie der Geist eines seiner Sinne nicht ganz mächtigen Mönchs.

All diese Männer, ob sie nun Skeptiker oder Mystiker waren, dachten für den Rest ihres Lebens an diese Nacht als an etwas Unnatürliches zurück. Sie saßen still oder sprangen plötzlich auf und schritten den großen Garten auf langen Umwegen ab, so dass der Eindruck entstand, dass nie drei auf einmal zusammen waren, und keiner wusste im voraus, wer sein Tischnachbar sein würde. Doch ihre Wanderungen beschränkten sich auf immer denselben dunklen und labyrinthischen Raum. Hin und wieder fielen sie in unruhigen Schlummer, immer nur für kurze Zeit, und doch bekamen sie das Gefühl, dass das ganze Herumsitzen, Auf- und-ab-Gehen oder gelegentliche miteinander Sprechen ein einziger, zusammenhängender Traum gewesen sei.

Einmal wachte Paynter auf, und an dem ansonsten verlassenen Tisch saß Ashe. Sein Gesicht lag im Schatten verborgen, und die Zigarrenglut wirkte wie das rote Auge eines Zyklopen. Paynter fürchtete sich geradezu vor dem Anwalt, bis dieser in seinem ruhigen Tonfall zu sprechen begann. Paynter antwortete aufs Geratewohl und nickte wieder ein. Als er das nächste Mal aufwachte, war der Anwalt fort, und ihm gegenüber befand sich die kahle, bleiche Stirn des Arztes; es schien sich plötzlich etwas Unheilvolles mit dem vertrauten Umstand zu verbinden, dass er eine Brille trug. Doch war der entschwundene Ashe nur wenige Meter weit entschwunden, denn in diesem Augenblick kehrte er um und schlenderte zum Tisch zurück. Mit einem Ruck erkannte Paynter, dass sein Albtraum ein Trug seines Schlafs oder seines Schlafmangels war und sprach mit seiner natürlichen Stimme, wenn auch ziemlich laut.

»So stoßen Sie also wieder zu uns – wo ist Treherne?«

»Ach, der dreht wahrscheinlich noch unter den Bäumen am Kliff seine Runden wie ein Eisbär«, antwortete Ashe und deutete mit seiner Zigarre in die besagte Richtung, »und betrachtet das, was ein älterer – und Sie sehen mir nach, wenn ich sage, etwas besserer – Dichter die weindunkle See genannt hat. Sie hat wirklich so etwas wie einen dunkelvioletten Schimmer. Sehen Sie doch.«

Paynter wandte den Blick und sah die weindunkle See und die bizarren Bäume, die sie wie mit Fransen säumten, aber den Dichter sah er nicht. Der ruhelose Mönch hatte den Kreuzgang verlassen.

»Ist woanders hingegangen«, sagte er mechanisch, was sonst nicht seine Art war. »Er kommt sicher bald zu uns zurück. Das hier ist wirklich eine interessante Nachtwache, aber jede Nachtwache verliert ihren Charme, wenn man dabei einschläft. Ach, da ist Treherne! Da sind wir ja alle wieder beisammen, wie der Politiker sagte, als Mr. Colman zu spät zum Dinner kam. Nein, der Doktor ist schon wieder weg. Wie rastlos wir alle sind!« Der Dichter hatte sich leise auf dem Gras genähert und musterte sie höchst aufmerksam.

»Bald haben wir's hinter uns«, sagte er.

»Was?«, blaffte Ashe schroff.

»Die Nacht natürlich«, erwiderte Treherne ohne Regung. »Die dunkelste Stunde ist vorüber.«

»Hat nicht irgendein anderer Dichterling bemerkt«, warf Paynter bissig ein, »dass die dunkelste Stunde vor der Dämmerung … Mein Gott, was war das? Das klang wie ein Schrei.«

»Es war ein Schrei«, sagte der Dichter. »Der Schrei eines Pfaus.«

Ashe erhob sich abrupt, sein kantiges Gesicht wirkte blass unter dem roten Haar, und er sagte aufgebracht: »Was zum Teufel meinen Sie damit?«

»Na, schlicht natürliche Ursachen, wie Dr. Brown sagen würde«, antwortete Treherne. »Hat der Squire uns nicht erklärt, dass die Bäume besonders schrille Töne von sich geben, wenn starker Wind weht? Und jetzt kommt eine steife Brise vom Meer her. Ich würde mich nicht wundern, wenn es noch vor der Morgendämmerung Sturm gibt.«

Die Dämmerung wurde in der Tat von der zunehmenden Lautstärke des Winds begleitet, und das violette Meer begann um die dunklen vulkanischen Klippen zu brodeln. Die erste Veränderung am Himmel zeigte sich in der Gestalt des Waldes und der einzelnen Baumstämme, die dunkler und zugleich schärfer hervortraten. Und im langsam erstarkenden Licht sahen sie über dem grauen Wäldchen hoch aufragend die unheilvolle Dreieinigkeit der Bäume.

Ihre langen Linien hatten für Paynter etwas merkwürdig Schlangenhaftes und Gewundenes. Es kam ihm fast so vor, als drehten sie sich langsam tanzend im Kreise, aber auch dies war nur ein letztes Trugbild aus der Traumwelt, denn wenige Sekunden später war er wieder eingeschlafen. In seinen Träumen kämpfte er sich durch ein Gewirr ergebnisloser Geschichten, die alle vom brausenden Lärm der Brandung und des Seewinds erfüllt waren, und über allem und jenseits aller anderen Stimmen vom Kreischen der Pfauenbäume.

Als er schließlich erwachte, war hellichter Tag, und ein Flor des frühen Lichts lag auf dem Wald und dem Garten und auf meilenweit entfernten Feldern und Farmhäusern. Der vergleichsweise muntere Verstand, mit dem das Tageslicht auch den Schlaflosen beschenkt, brachte ihn rasch auf die Beine und zeigte ihm die anderen Teilnehmer, die in der gleichen erwartungsvollen Haltung auf dem Rasen standen. Es gab keinen Anlass, danach zu fragen, worauf sie warteten. Sie wollten hören, welche nächtlichen Abenteuer – ob komischer, gewöhnlicher oder sonstiger Natur – ihr exzentrischer Freund erlebt hatte, dessen Experiment sie (sei es aus unterbewusster Furcht oder aus einer Art Ehrgefühl heraus) nicht zu unterbrechen gewagt hatten. Stunde um Stunde verging, und immer noch regte sich nichts im Wald außer hin und wieder ein flatternder Vogel. Der Squire war, wie die meisten Männer seiner Art, ein Frühaufsteher, und es war unwahrscheinlich, dass er in diesem Fall ausschlafen sollte – eher konnte man annehmen, dass er, zumal in dem erregten Zustand, in dem er gewesen war, als er sie verlassen hatte, nicht zur Ruhe gekommen war. Aber offenbar schlief er noch, vielleicht infolge der Anspannung. Als die Sonne schon hoch am Himmel stand, wandte sich Ashe, der Anwalt, an die anderen und sprach die Sache unverblümt an.

»Wollen wir jetzt in den Wald gehen?«, fragte Paynter beinahe zögerlich.

»Ich gehe hinein«, sagte Treherne schlicht. In Erwiderung ihrer Blicke reckte er seinen dunklen Kopf und fügte hinzu:

»Oh, machen Sie sich keine Sorgen. Wer gläubig ist, der fürchtet sich vor nichts.«

Zum zweiten Mal sahen sie einen Mann den weißen, gewundenen Pfad hinaufgehen und im grauen Dickicht des Waldes verschwinden, aber diesmal mussten sie nicht lange warten, bis sie ihn wiedersahen.

Wenige Minuten später tauchte er im Waldeingang wieder auf und kam langsam über den Rasen auf sie zu. Dem Arzt, der am nächsten stand, teilte er etwas mit. Es wurde weitergesagt und rief ringsum ungläubige Ausrufe hervor. Die anderen eilten in den Wald und kehrten verstört zurück, informierten wieder andere, die aus dem Haus dazu stießen. Die drahtlose Telegraphie von Mund zu Mund, die auf dem Land die wichtigste Nachrichtenquelle ist, verbreitete die Neuigkeit im Handumdrehen immer weiter, noch ehe die Sache selbst vollständig begriffen war – und vor Einbruch der Dunkelheit wusste ein Viertel des Landes, dass Squire Vane sich in nichts aufgelöst hatte wie eine geplatzte Seifenblase.

So weite Kreise die unglaubliche Geschichte auch zog und so geduldig sie in den Köpfen hin und her gewendet wurde, es dauerte noch lange, bevor sich auch nur der Beginn einer Fortsetzung davon andeutete. In der Zwischenzeit hatte sich Paynter taktvoll vom Haus der Trauer – oder besser des Rätselns – entfernt, aber nur bis zum Landgasthof im Dorf. Denn Barbara Vane war froh über die Erfahrung und das Mitgefühl des Reisenden, das ihr neben dem des Anwalts und des Arztes als alten Freunden der Familie entgegengebracht wurde. Selbst Treherne wurde nicht davon abgehalten, gelegentlich zu Besuch zu kommen, um bei der Suche nach dem verlorenen Mann zu helfen. Die fünf hielten viele Beratungsrunden an dem alten Gartentisch ab, an dem der unglückselige Hausherr zum letzten Mal diniert hatte, und Barbara trug ihre alte versteinerte Maske, die jetzt allerdings eine tragischere Maske war. Seit ihrem einzigen Gefühlsausbruch am ersten Morgen der Entdeckung, bei dem sie sich nach Ansicht einiger Anwesender überaus seltsam äußerte, hatte sie keine seelische Aufwallung mehr gezeigt.

Sie war langsam aus dem Haus gekommen, in das sie ihre eigene oder jemand anderes Weisheit während der Nacht der Wette verbannt hatte. Und man sah ihrem Gesicht an, dass ihr jemand die Wahrheit mitgeteilt hatte. Miles, der Butler, stand auf den Stufen hinter ihr, und wahrscheinlich war er es gewesen.

»Machen Sie sich keine allzu großen Sorgen, Miss Vane«, sagte Dr. Brown leise und zaghaft. »Die Suche im Wald hat kaum begonnen. Ich bin überzeugt, wir finden eine ganz – einfache Erklärung.«

»Der Doktor hat Recht«, sagte Ashe in seiner Bestimmtheit. »Ich für meinen Teil …«

»Der Doktor hat *nicht* Recht«, sagte die junge Frau und wendete dem Sprecher ihr blasses Gesicht zu. »Ich weiß es besser. Der Dichter hat Recht. Der Dichter hat immer Recht. Denn er war hier vom Anbeginn der Welt und hat Wunder und Schrecken gesehen, die unseren Weg säumen und sich nur hinter einem Busch oder Fels verbergen. Sie und Ihre Medizin und Ihre Wissenschaft – Sie sind doch erst seit ein paar Generationen hier und tasten herum. Und nicht einmal Ihre eigenen Feinde des Fleisches können Sie besiegen. Oh, verzeihen Sie mir, Doktor, ich weiß, Sie leisten enorm viel – aber das Fieber kommt in unser Dorf, und die Leute sterben und sterben trotzdem. Und jetzt ist es mein armer Vater. Gott stehe uns bei! Das Einzige, was uns bleibt, ist an Gott zu glauben. Denn an Teufel glauben wir notgedrungen.« Und dann verließ sie die anderen, immer noch langsamen Schritts, aber doch so, dass ihr niemand folgen konnte.

Der Frühling ging allmählich in den Sommer über und hatte das grüne Zelt des Baums über den Gartentisch gebreitet – da brach der amerikanische Besucher, der mit dem Anwalt und dem Arzt zusammensaß, das Schweigen und sagte, was ihm seit geraumer Zeit durch den Kopf ging.

»Also«, sagte er, »ob wir es nun aussprechen wollen oder nicht, wir alle haben angefangen, über einen möglichen Abschluss des Falls nachzudenken. Es lässt sich sowieso nicht feinfühlig formulieren; aber letztlich gibt es bei der Sache auch eine notwendige geschäftliche Seite. Was wird aus den Angelegenheiten des armen Squire, von ihm selber mal abgesehen? Ich nehme an«, wandte er sich mit gedämpfter Stimme an den Anwalt, »Sie wissen, ob er ein Testament hinterlassen hat?«

»Er hinterlässt uneingeschränkt alles seiner Tochter«, erwiderte Ashe. »Aber damit kann man nichts anfangen. Es gibt keinerlei Beweis für seinen Tod.«

»Keinen rechtsgültigen Beweis?«, sagte Paynter trocken.

Eine ärgerliche Falte erschien auf Dr. Browns hoher, kahler Stirn, und er machte eine unwirsche Bewegung.

»Natürlich ist er tot«, sagte er. »Was soll dieser ganze juristische Humbug? Wir haben den Wald von dieser Seite aus beobachtet, richtig? Kein Mann kann von diesen Steilklippen über das Meer fliegen. Er kann nur hinunterstürzen. Was sonst sollte er sein wenn nicht tot?«

»Ich spreche als Anwalt«, erwiderte Ashe mit hochgezogenen Augenbrauen. »Wir können seinen Tod nicht einfach voraussetzen oder eine Untersuchung oder was auch immer durchführen, bevor wir nicht die Leiche des armen Kerls gefunden haben oder zumindest sterbliche Überreste, die man begründet für seinen Körper halten kann.«

»Ich verstehe«, bemerkte Paynter ruhig. »Sie sprechen als Anwalt. Aber es lässt sich unschwer vorstellen, was Sie als Mensch glauben.«

»Ich gebe zu, ich bin lieber Mensch als Anwalt«, sagte der Arzt barsch. »Ich wusste nicht, dass das Gesetz so dämlich ist. Was hat es für einen Sinn, der armen jungen Frau ihren Besitz vorzuenthalten, und das ganze Anwesen geht vor die Hunde? Na, ich muss jetzt los, sonst gehen meine Patienten auch noch vor die Hunde.«

Und mit knappem Gruß machte er sich auf den Weg zum Dorf hinunter.

»Wenn irgendjemand seine Pflicht tut, dann dieser Mann«, meinte Paynter. »Wir müssen sein Benehmen entschuldigen – oder sollte ich ›sein Wesen‹ sagen?«

»Ach, ich nehme ihm das nicht übel«, antwortete Ashe aufgeräumt, »aber ich bin froh, dass er gegangen ist, weil … tja, weil ich nicht möchte, dass er weiß, wie sehr er Recht hat.« Er lehnte sich in seinem Stuhl zurück und schaute zum grünen Blätterdach empor.

»Sie sind sich also sicher«, fragte Ashe, den Blick auf die Tischplatte gesenkt, »dass Squire Vane tot ist?«

»Mehr als das«, sagte Ashe und blickte weiter in die Blätter. »Ich weiß sogar, wie er umgekommen ist.«

»Ach!«, sagte der Amerikaner und holte tief Luft – so verharrten sie eine kurze Weile, der eine den Baum anstarrend, der andere den Tisch.

»*Wissen* ist vielleicht ein zu starkes Wort«, fuhr Ashe fort. »Doch meine Überzeugung müsste erstmal erschüttert werden. Ich beneide den Anwalt der Verteidigung nicht.«

»Den Anwalt der Verteidigung«, wiederholte Paynter und schaute kurz seinen Gesprächspartner an. Erneut verblüffte ihn die napoleonische Kinn- und Kieferpartie des Mannes, wie schon bei ihrem ersten Gespräch über die Legende vom heiligen Securis.

»Also«, begann er, »Sie glauben doch wohl nicht, dass die Bäume …«

»Zum Teufel mit den Bäumen!«, schnaubte der Anwalt. »Der Baum an jenem Abend hatte zwei Beine. Was unser

Freund, der Dichter«, fügte er spöttisch hinzu, »einen wandelnden Baum nennen würde. Was übrigens unseren Freund, den Dichter, betrifft, so wirkten Sie in jener Nacht einigermaßen überrascht, dass er nicht die ganze Zeit poetisch am Meer spazieren ging – und ich fürchte, ich habe so getan, als würde ich Ihre Ahnungslosigkeit teilen. Ich war mir damals nicht so sicher, wie ich es heute bin.«

»Sicher über was?«, fragte der andere.

»Zunächst einmal«, sagte Ashe, »bin ich mir sicher, dass unser Freund, der Dichter, an dem Abend Vane in den Wald folgte, denn ich sah ihn wieder herauskommen.«

Paynter beugte sich vor, plötzlich blass vor Erregung, und schlug auf den Tisch, dass es schepperte.

»Mr. Ashe, Sie irren«, rief er. »Sie sind ein großartiger Mann, aber Sie irren. Sie haben wahrscheinlich tonnenweise überzeugende Indizien, aber Sie irren trotzdem. Ich kenne diesen Dichter. Ich kenne ihn *als* Dichter, im Gegensatz zu Ihnen. Ich weiß, Sie denken, dass er Ihnen unehrlich geantwortet hat, dass er die Freundlichkeit selbst schien und zugleich ein finsterer Geselle. Aber sie verstehen diese Art Menschen nicht. Ich weiß jetzt, warum Sie die Iren nicht verstehen. Manchmal halten Sie sie für dumm und manchmal für verschlagen und manchmal für mörderisch und manchmal für unzivilisiert – aber die ganze Zeit sind sie nur zivilisiert, bebend vor feinsinniger Ironie, die alles versteht, was Sie nicht verstehen.«

»Tja«, sagte Ashe kurz, »wir werden ja sehen, wer Recht hat.«

»Das werden wir!«, rief Cyprian und stand unvermittelt vom Tisch auf. Die dünnhäutige Pose des Ästheten war gänzlich von ihm abgefallen. Sein Yankee-Akzent rutschte in eine hohe Tonlage, wie eine Trompete trotzigen Widerstands, und aus ihm sprach nur noch die Neue Welt.

»Ich denke, ich sehe mir die Sache selber an«, sagte er und streckte seine langen Glieder wie ein Athlet. »Ich werde Ihr

Wäldchen morgen unter die Lupe nehmen. Es ist schon ein bisschen spät, sonst würde ich es jetzt gleich tun.«

»Der Wald ist durchsucht worden«, sagte der Anwalt und erhob sich ebenfalls.

»Ja«, antwortete der Amerikaner. »Er ist von Bediensteten durchsucht worden, von Polizisten, hiesigen Polizisten, und von einer ganzen Menge von Leuten. Aber wissen Sie, ich habe den Verdacht, dass niemandem hier überhaupt eine gründliche Suche zuzutrauen ist.«

»Und was wollen *Sie* tun?«, fragte Ashe.

»Das, was – darauf wette ich – keiner von ihnen getan hat«, erwiderte Cyprian. »Ich werde auf den Baum klettern.«

Und mit wiedererwachter guter Laune begab er sich federnden Schritts zu seinem Gasthof.

Bei Tagesanbruch am nächsten Morgen trat er vor die Tür des *Vane Arms* wie jemand, der zu einer weiten Reise aufbricht. Er hatte einen Feldstecher umhängen, und in seinem Gürtel steckte ein riesengroßes Fahrtenmesser, das er mit der gleichen Abgebrühtheit trug wie ein Cowboy sein Bowiemesser. Doch trotz seines Aufzugs – oder vielleicht auch gerade deswegen – betrachtete er mit zunehmendem Genuss die malerische Anlage und Dachlandschaft des altertümlichen Dorfs und insbesondere das alte rechteckige Holzschild des Gasthofs, das über seinem Kopf hing – ein Wappenschild, dessen Felder mit einer bunten Mischung aus blauen Delphinen, goldenen Kreuzen und roten Vögeln bemalt waren. Die Farben und die würfelförmigen Ecken des alten Gasthofschilds gefielen ihm wie ein Theaterstück oder Puppenspiel. Eine Weile blieb er breitbeinig auf dem Kopfsteinpflaster des kleinen Marktplatzes stehen und sah sich um, dann lachte er kurz und begann die steilen Straßen zum hochgelegenen Park und dem Garten dahinter hinaufzugehen. Von der oberen Rasenfläche aus, die über dem Baum und dem Tisch lag, sah er auf der einen Seite das Land, das sich hinter dem Haus in eine große hügelige Ebene erstreckte, welche im klaren Licht der Morgendämmerung mit malerischen Details gesprenkelt schien. Die Wäldchen hier und da auf der Ebene glichen grünen Igeln, so grotesk wie die überdimensionierten Ungeheuer, die unerklärlicherweise durch die leeren Räume mittelalterlicher Landkarten wandern. Das Land, in verschiedenfarbige Äcker aufgeteilt, erinnerte an die Heraldik des Gasthausschilds, das ebenfalls uralt und zugleich farbenfroh war. Auf der anderen Seite senkte sich das Gelände zur See hin und stieg dann wieder an, um in dem berühmten oder berüchtigten Wald über den Klippen zu enden. Das Rechteck merkwürdig verwachsener Bäume lag etwas windschief auf dem Hang und erinnerte den Betrachter, wenn nicht an eine Landkarte, so doch zumindest an eine Ansicht aus der Vogelperspektive. Nur das Herzstück der Pfauenbäume ragte selbdritt über die Horizontlinie hinaus – und sie standen geradezu klassisch im klaren Sonnenlicht, ein dreieckiger Tempel der Winde. Sie schienen heidnisch in einem neueren und friedfertigeren Sinn. Und er spürte eine geradezu jugendliche Neugier und Entschlossenheit, dem Orakel auf den Leib zu rücken. Bei all seinen Wanderungen hatte er sich nie so leichtfüßig bewegt. Denn der Connaisseur ästhetischer Genüsse hatte endlich etwas zu tun gefunden – er kämpfte für einen Freund.

Doch einmal, am Tor zu dem Garten, in dem die Bäume der Erkenntnis standen, wurde er aufgehalten. Gleich vor dem dunklen Waldeingang, der jetzt von grüneren und größeren Blättern umrankt war, stieß er auf eine einsame Gestalt. Es war Martin, der Holzfäller, der durch das Farngestrüpp watete und sich verloren umsah. Er schien mit sich selbst zu reden.

»Hier hab ich sie hingeworfen«, sagte er. »Aber ich werde sie eh nicht mehr benutzen, schätze ich. Der Doktor hat sie mich nicht aufheben lassen, wie ich sie holen wollte, und jetzt haben sie sie, genauso wie den Squire. Holz und Eisen, Holz und Eisen, aber sie schlingen es runter wie nichts.«

»Lassen Sie es gut sein!«, sagte Paynter, der sich an das Unglück des Mannes erinnerte. »Miss Vane wird sich darum kümmern, dass Sie alles bekommen, was Sie brauchen, da bin ich mir sicher. Und grübeln Sie nicht so viel über diese Geschichten mit dem Squire. Gibt es den geringsten Hinweis, dass die Bäume irgendetwas damit zu tun haben? Ist da etwa dieser zusätzliche Ast, von dem die Dummköpfe reden?«

In Paynter wuchs der Verdacht, dass der Mann vor ihm nicht ganz bei Sinnen war. Doch noch viel mehr erschreckte ihn die plötzliche und kalte Verstandesklarheit, die für einen Moment in den Augen des Waldarbeiters aufblitzte, als er auf seine gewöhnliche Art antwortete.

»Naja, Sir, haben Sie die Äste vorher gezählt?«

Dann schien er einen Rückfall zu erleiden, und Paynter ließ ihn im Unterholz weiterstöbern, während er selbst in den Wald eintrat wie jemand, auf dessen sonnigen Pfad ein Schatten gefallen war.

Er tauchte unter dem Geäst hindurch und folgte einem von Blättern überwachsenen Pfad, der selbst unter der Sommersonne nur in einem smaragdgrünen Zwielicht schimmerte wie auf dem Meeresgrund. Der Pfad wand sich unerwartet in solchen Schlangenlinien, als wären die Bäume das Zentrum des Irrgartens von Hampton Court. Für ihn waren sie jedenfalls das Herz des Irrgartens. Er ging, so weit die Windungen des Weges ihn führten, zielgerichtet auf sie zu. Und als er um eine letzte Kurve bog, sah er zum ersten Mal die Basis dieser Pflanzenriesen, die er bisher nur von oben gesehen hatte, wie sie hüfthoch in der Waldung standen. Er fand die Annahme bestätigt, dass der Baum sich aus einer einzigen großen Wurzel wie ein Kandelaber verzweigte. Die Gabelung war zwar von grünen, schleimigen Flechten überwachsen, befand sich aber so nah am Boden, dass sie einen ersten sicheren Tritt bot. Er stellte seinen Fuß hinein und kletterte ohne das geringste Zögern hoch wie Hans die Bohnenranke.

Das grüne Dach aus Blättern und Zweigen über ihm schien unzugänglich wie ein grünes Gewölbe. Doch indem er die Zweige nach rechts und links bog und brach, arbeitete er sich langsam hoch – und hatte schließlich und ganz plötzlich das Empfinden, oben auf dem Gipfel der Welt angekommen zu sein. Es kam ihm vor, als wäre er noch nie im Freien gewesen. Das Meer und das Land lagen in einem Kreis unter ihm, während er rittlings auf einem Ast des großen Baumes saß. Fast überraschte es ihn, die Sonne so niedrig am Himmel zu sehen – als überblickte er ein Land des ewigen Sonnenaufgangs.

»Stumm auf einem Gipfel in Darien«, rezitierte er unnötig laut und fröhlich. Und obgleich die damit aufgestellte Behauptung keinerlei Logik hatte, war sie nicht unangemessen. Er fühlte sich tatsächlich wie ein Abenteurer der Vorzeit, der die Neue Welt entdeckte, und nicht wie ein moderner Reisender, der aus ihr kam.

»Ich frage mich«, sagte er dann, »ob ich wirklich der Erste bin, der je in die Stille dieses Baums eingedrungen ist. Es sieht ganz so aus. Diese …«

Er hielt inne und saß regungslos auf seinem Ast, doch seine Augen waren auf einen etwas tiefer liegenden Zweig gerichtet, und er starrte gebannt, als würde er eine Schlange beobachten.

Das, was ihn gefangen nahm, sah auf den ersten Blick wie ein riesiger Pilz aus, der sich auf dem gewaltigen glatten Stamm ausbreitete, aber das war es nicht. Paynter beugte sich waghalsig von seinem Hochsitz herunter, löste das Ding von seinem Zweig, an dem es feststeckte, hielt es dann in der Hand und sah es verblüfft an. Es war Squire Vanes Panamahut, doch darunter befand sich kein Squire Vane – eine Tatsache, die Paynter namenlos erleichterte.

Dort im Sonnenlicht und in der klaren Seeluft suchten ihn für einen Augenblick die tropischen Schrecken der von ihm selbst erzählten Legende heim und schnürten ihm den Hals zu. Es schien wirklich ein Baumdämon aus den Sümpfen zu sein, eine vegetabile Schlange, die sich von Menschen ernährte. Selbst die ebenso abscheuliche wie lächerliche Vorstellung, wie ein ganzer Mensch verdaut wurde (mit Ausnahme seines Huts), schien den Albtraum nur noch greifbarer zu machen. Und er ertappte sich dabei, dass er zerstreut auf ein Blatt des Baumes hinabsah, das sich ihm zufällig zukehrte, so dass die merkwürdige Zeichnung, auf der die Legende zum Teil basierte, tatsächlich ein wenig dem Auge einer Pfauenfeder glich. Es war, als hätte der schlafende Baum ein Auge geöffnet und starrte ihn an.

Mit einiger Mühe fand er auf dem Ast sein geistiges wie körperliches Gleichgewicht wieder. Seine Vernunft kehrte zurück, und er begann mit dem Hut zwischen den Zähnen hinunterzuklettern. Als er heil in der Unterwelt des Waldes angekommen war, untersuchte er den Hut noch einmal genauer. An einer Stelle der Krone zeigte sich ein Loch oder Einriss, der mit Sicherheit noch nicht dagewesen war, als er letzthin auf dem Tisch unter dem Gartenbaum gelegen hatte. Paynter setzte sich, zündete eine Zigarette an und dachte lange nach.

Es ist nicht leicht, ein Stück Wald, und wenn es noch so klein ist, genau zu erforschen. Aber er unternahm ein paar praktische Versuche. In gewisser Hinsicht war der dichte Bewuchs des Waldbodens eine Hilfe; er konnte zumindest anhand von abgeknickten oder niedergetrampelten Pflanzen erkennen, wo jemand in der einen oder anderen Richtung vom Pfad abgewichen war. Nach stundenlanger Beschäftigung hatte er den Ort gewissermaßen neu kartiert. Ein Weg war regelrecht durch das Gebüsch gebrochen und stellte die Abkürzung einer Schleife des Wanderpfads dar, und von diesem zweigte einer ab, der ebenfalls zur Waldmitte führte. Aber es gab einen, der besonders merkwürdig war und der ihm, je länger er ihn untersuchte, auf etwas Wesentliches in dem ganzen Rätsel hinzuweisen schien.

Dieser Trampelpfad führte von dem Platz unter den Pfauenbäumen etwa zwanzig Meter in den Wald hinein und brach dann ab. Jenseits von diesem Punkt war kein Zweig gebrochen, kein Blatt berührt. Der Pfad führte nirgendwohin, aber Paynter konnte nicht glauben, dass er kein Ziel hatte. Er überlegte eine Weile, kniete sich dann hin und begann, mit seinem Messer Gras und Erde auszugraben, die sich zu seinem Erstaunen leicht lösen ließen. Bald hob sich ein ganzes Stück Erde wie ein runder Deckel, seltsam anzusehen wie eine flache Kappe mit grünen Federn. Denn obgleich der Deckel aus Holz bestand, lag eine Erdschicht mit Grasnarbe darauf. Und darunter öffnete sich ein rundes Loch, schwarz wie die Nacht und scheinbar bodenlos. Paynter begriff sofort. Es war für einen Brunnen ziemlich nah am Meer, aber der Vielgereiste hatte Brunnen gesehen, die noch näher an der Küste lagen. Er stand auf, das Messer in der Hand, die Stirn gerunzelt und alle Zweifel ausgeräumt. Er schreckte nicht länger davor zurück, zu benennen, was er wusste. Dies war nicht die erste Leiche, die in einen Brunnen geworfen worden war. Hier befand sich ohne Stein und Epitaph das Grab von Squire Vane. Mit einem Schlag waren alle mythologischen Albernheiten von Heiligen und Pfauen wie weggewischt. Wie mit einer Steinkeule hatte ihn die schlichte Tatsache des menschlichen Verbrechens vor den Kopf gestoßen.

Cyprian Paynter stand lange bei dem Brunnen im Wald, wanderte in Gedanken versunken um ihn herum, untersuchte seinen Rand und den runden Placken Gras darüber, erkundete sorgfältig die Umgebung, kehrte zurück und stand erneut neben dem Brunnen. Seine Spurensuche und Bedenken nahmen ihn so ausgiebig in Anspruch, dass er gar nicht merkte, wie der Tag verging und der Wald und die Welt ringsum bereits in die Fülle des Abends eintauchten. Der Tag war strahlend gewesen, und kein Lüftchen hatte sich geregt. Das Meer schien so still wie der Brunnen, und der Brunnen war so stumm wie ein Spiegel. Doch dann, ohne jede Vorwarnung, begann der Spiegel sich zu bewegen wie ein Lebewesen.

In dem Brunnen im Wald brodelte und gurgelte das Wasser mit einem schmatzenden Geräusch, als würde dort etwas verschluckt, und kam dann mit einer Art groteskem Rülpser zur Ruhe. Cyprian hatte keinen rechten Einblick in den Brunnen, denn von dort, wo er stand, war die Öffnung ein schmales Oval, nicht mehr als ein Schlitz, der halb hinter Dornengerank und wucherndem Gras wie von einem grünen Bart verdeckt war. Denn er stand drei Meter vom Brunnen entfernt – ohne es zu merken war er so weit vom Brunnenrand zurückgesprungen, als das Wasser zu sprechen anfing.

III

Das Geheimnis des Brunnens

Cyprian Paynter wusste nicht, was er erwartet hatte: dass die Leiche des Ermordeten aus dem Loch emporstieg oder ein Brunnengeist. Jedenfalls geschah weder das eine noch das andere, und ihm war rasch klar, dass dies am Ende doch eher dem natürlichen Gang der Dinge entsprach. Erneut gab er sich einen Ruck, trat an den Rand des Brunnens und schaute hinunter. Wie zuvor sah er einen schwachen Wasserschimmer, in dieser Tiefe nicht heller als Tinte. Er bildete sich ein, noch immer ein leises Rumoren und Murmeln zu hören, aber das versiegte allmählich. Außer einem selbstmörderischen Sprung in die Tiefe blieb nichts zu tun. Er stellte fest, dass er bei all seiner Ausrüstung nicht einmal ein Seil oder einen Korb mitgenommen hatte, und beschloss, beides zu holen. Während er seiner Spur zurück zum Waldeingang folgte, überdachte er noch einmal seine bisherigen Entdeckungen. Jemand war in den Wald eingedrungen, hatte den Squire getötet und in den Brunnen geworfen. Keinen Augenblick hatte er seinen Freund, den Dichter, in Verdacht – aber wenn man wirklich beobachtet hatte, wie dieser den Wald verließ, dann war das eine mehr als ernste Angelegenheit. Als er so vor sich hin stapfte, erschien das rasch dunkler werdende Zwielicht wie mit roten Streifen zerteilt, so dass er für einen Augenblick fast das Gefühl bekam, ein aus dem Phantasiereich entlaufener Krimineller hätte bei seiner Flucht das Wäldchen in Brand gesetzt. Auf den zweiten Blick entpuppte es sich aber nur als einer jener roten Sonnenuntergänge, die solch heitere Tage manchmal beschließen.

Als er aus der düsteren Pforte des Waldes in den vollen Abendglanz trat, sah er eine dunkle Gestalt still im dämmrigen Farngestrüpp stehen, an der gleichen Stelle, wo er den Holzfäller verlassen hatte. Es war aber nicht der Holzfäller.

Die Gestalt trug einen schwarzen Zylinder wie zu einer Beerdigung und stand so schwarz vor dem rot lodernden Feuer, das sich über den Horizont ergoss, dass Paynter sie zunächst nicht erkennen oder sich erklären konnte. Doch dann kam es zu einer erstaunlichen Wendung seiner Gedanken.

»Dr. Brown!«, rief er. »Was machen Sie denn hier oben?«

»Ich habe mit dem armen Martin geredet«, antwortete der Arzt und wies etwas fahrig mit der Hand in Richtung der Straße, die zum Dorf hinunterführte. Paynter, der Geste folgend, sah undeutlich, wie eine andere dunkle Gestalt sich entfernte. Er sah auch, dass die Hand nicht nur im Gegenlicht so ausgesehen hatte, sondern wirklich schwarz war. Beim Näherkommen erkannte er, dass der Arzt in der Tat für eine Beerdigung gekleidet war, bis hin zu den dunklen Handschuhen. Der Amerikaner erschrak regelrecht, als wäre ein Bestatter heraufgekommen, um die unauffindbare Leiche zu begraben.

»Der arme Martin hat nach seiner Axt gesucht«, bemerkte Dr. Brown, »aber ich habe ihm gesagt, ich hätte sie schon gefunden und für ihn gesichert. Unter uns, ich glaube kaum, dass man sie ihm in seinem Zustand anvertrauen kann.« Dann gewahrte er den Blick auf seinen schwarzen Anzug und fügte hinzu: »Ich war gerade auf einer Beerdigung. Wussten Sie, dass noch jemand gestorben ist? Die Frau vom armen Jake, dem Fischer, unten in der Kate am Meer. An dem verdammten Fieber natürlich.«

Als sie sich beide dem roten Abendlicht zuwandten, unterzog Paynter unwillkürlich sein Gegenüber einer näheren Betrachtung, nicht nur seine Kleidung, sondern ihn selbst. Dr. Burton Brown war ein hoch gewachsener und immer sehr gut gekleideter Mann, der, abgesehen von seiner Brille und seinem fast schmerzhaft intellektuell wirkenden schmalen braunen Gesicht mit den Geheimratsecken, fast etwas Soldatisches an sich hatte. Der Kontrast wurde noch dadurch verstärkt, dass sein asketisches Gesicht, das in der Regel glatt rasiert war, einen schmalen dunklen Schnurrbart trug, welcher zu kurz geschnitten war, um darauf herumzukauen, während sein Mund sich häufig bewegte, als wollte er genau das tun. Er wäre vielleicht ein vorzüglicher Stabsarzt gewesen, aber er sah eher wie ein Ingenieur aus oder wie ein Angehöriger jener Dienste, die militärisches Schweigen mit einem mehr als militärischen Wissen verbinden. Paynter hatte immer große Achtung vor der schroffen Zuverlässigkeit empfunden, die der Mann ausstrahlte, und nach kurzem Zögern berichtete er ihm von seinen Entdeckungen.

Der Arzt nahm den Hut des toten Squire in die Hand und untersuchte ihn mit stirnrunzelnder Sorgfalt. Er steckte einen Finger durch das Loch in der Krone und bewegte ihn nachdenklich hin und her. Und Paynter merkte, wie überspannt vor Müdigkeit er selbst sein musste, denn dieser alberne schwarze Finger, der in dem zerfransten weißen Relikt wackelte, verärgerte ihn über die Maßen. Der Arzt stellte mit professionellem Scharfsinn die gleiche Diagnose und kam zu noch weiter gehenden Schlüssen. Denn als Paynter ihm von dem bewegten Wasser im Brunnen erzählte, fixierte er ihn einen Moment lang durch die Brille und fragte dann:

»Haben Sie denn schon zu Mittag gegessen?«

Paynter wurde zum ersten Mal klar, dass er tatsächlich den ganzen Tag ohne Essen fieberhaft gearbeitet und nachgedacht hatte.

»Bitte denken Sie nicht, dass ich damit meine, Sie hätten sich überessen«, sagte der Mediziner mit sarkastischem Humor. »Ganz im Gegenteil. Ich glaube, Sie sind ziemlich erschöpft, und Ihre Nerven übertreiben alles. Wie auch immer, ich gebe Ihnen den dringenden Rat, heute Nacht nichts mehr zu unternehmen. Ohne Seile oder irgendein Angelgerät lässt sich ohnehin nichts ausrichten. Aber ich denke, ich kann Ihnen solche Dregganker besorgen, wie Fischer sie benutzen. Der arme Jake hat welche, das weiß ich. Ich bringe sie Ihnen morgen früh. Es ist nämlich so, dass ich ein bisschen bei ihm bleibe, weil er in keiner guten Verfassung ist, und ich glaube, es ist besser, wenn *ich* ihn frage und nicht ein Fremder. Sie verstehen das sicherlich.«

Paynter verstand genug, um zuzustimmen, und er wusste kaum, warum er stehenblieb und wie abwesend dem Arzt hinterher sah, der den steilen Weg zum Strand und zur Kate des Fischers hinunterstieg. Dann verwarf er alle Gedanken, die er nicht überprüft oder auch nur bewusst in Betracht gezogen hatte, und begab sich langsam und recht schwerfällig zum *Vane Arms*.

Pünktlich am nächsten Morgen erschien der Arzt, immer noch mit Leichenbittermiene, wenn auch nicht mehr in der entsprechenden Kleidung, unter dem hölzernen Wirtshausschild, mit dem Versprochenen beladen – einem Gerät mit Haken und einem Fangnetz, um Dinge aus beträchtlicher Tiefe nach oben zu befördern. Er war gerade auf dem Weg, seine gewohnte Patientenrunde zu absolvieren, und versuchte mit keinem Wort, den Amerikaner von dessen höchst unfachmännischem Detektiv-Experiment abzuhalten. Dieser tatkräftige Amateur hatte sich zu einem großen Teil, wenn nicht gänzlich von seinem gestrigen Überschwang erholt, hielt leicht jeder ärztlichen Begutachtung stand und kehrte voller Energie an den Ort seiner Plackerei vom Vortag zurück.

Die Mühen seines zweiten Tages schienen ihm wohl auch deshalb heller und heiterer, da er in dem kleinen Wäldchen nicht nur das Sonnenlicht und den Gesang der Vögel als Unterstützung hatte, zu schweigen von dem annähernd wissenschaftlichen Gerät, das ihm zu Gebote stand, sondern überdies menschliche Gesellschaft – und zwar von der intelligentesten Art. Nachdem er sich vom Arzt verabschiedet hatte und bevor er das Dorf verließ, kam er auf die Idee, den kleinen Hof oder Platz aufzusuchen, an dem das beschauliche Backsteinhaus von Andrew Ashe, dem Anwalt, stand. So ruhte die mühselige Operation der Indiziensuche auf zwei Schultern, und zwei Köpfe spähten in den Brunnen im Wald: einer blond, schmal und erwartungsvoll; der andere rothaarig, massig und skeptisch. Und wenn es wahr ist, dass zwei Köpfe besser sind als einer, dann ist es noch wahrer, dass vier Hände besser sind als zwei. Jedenfalls trugen ihre gemeinsamen und wiederholten Anstrengungen endlich Frucht, wenn etwas so Hartes, Kümmerliches und Verlorenes eine Frucht genannt werden kann. Es hing lose im Netz, als es hinaufgezogen wurde, und purzelte dann ins Gras am Brunnenrand – es war ein Knochen.

Ashe hob ihn auf und betrachtete ihn mit gerunzelter Stirn.

»Hier brauchen wir Dr. Brown«, sagte er. »Das kann der Knochen von einem Tier sein. Jedes Tier, ob Hund oder Schaf, kann in einen versteckten Brunnen fallen.« Dann brach er ab, denn sein Mitstreiter zupfte einen zweiten Knochen aus dem Netz.

Nach einer weiteren halben Stunde schwerer Arbeit fand Paynter Gelegenheit zu bemerken: »Das muss ein ziemlich großer Hund gewesen sein.« Mittlerweile lag ein ganzer Haufen solcher weißer Bruchstücke vor seinen Füßen.

»Ich habe bislang noch nichts gesehen«, sagte Ashe rundheraus, »was eindeutig ein Menschenknochen ist.«

»Ich denke mal, das hier muss ein Menschenknochen sein«, sagte der Amerikaner.

Und er wandte sich etwas ab, als er dem anderen einen Schädel übergab.

Es bestand kein Zweifel, welche Art Schädel es war – er hatte diese einzigartige Rundung, die das Geheimnis des Denkens birgt, und darunter die zwei schwarzen Höhlen, in denen menschliche Augen gesessen hatten. Aber gleich über der linken Höhle befand sich ein weiteres, kleineres Loch, das kein Auge war.

Da rang sich der Anwalt die Worte ab: »Wenn wir zugeben, dass es ein Mensch ist, dann ist damit noch nicht gesagt – dass es ein bestimmter Mensch ist. Vielleicht ist doch etwas dran an dieser Geschichte von dem Trunkenbold – er ist vielleicht in den Brunnen gefallen. Unter gewissen Umständen, nach gewissen natürlichen Prozessen, könnte ich mir vorstellen, dass Leichenteile sich so zersetzen, auch ohne das Zutun eines Meuchelmörders. Wir brauchen wieder den Doktor.«

Dann fügte er plötzlich hinzu, und dem Klang seiner Stimme war zu entnehmen, dass er seinen eigenen Worten kaum glaubte:

»Haben Sie da nicht den Hut des armen Vane?«

Er nahm ihn aus der Hand des stummen Amerikaners, und mit einer gewissen Hast setzte er ihn dem Schädel auf.

»Nicht!«, sagte der andere unwillkürlich.

Der Anwalt hatte, ähnlich wie der Arzt, seinen Finger in das Loch im Hut gesteckt, und es lag exakt über dem Loch des Schädels.

»Ich habe das größere Recht, zu erschrecken«, sagte er entschieden, aber mit bewegter Stimme. »Ich glaube, ich bin der ältere Freund.«

Paynter nickte wortlos, er akzeptierte die endgültige Identifikation. Der letzte Zweifel oder die letzte Hoffnung war geschwunden. Er ging wieder an sein Angelgerät und sagte kein Wort, bis er seinen letzten Fund gemacht hatte.

Der Vogelgesang schien lauter geworden zu sein, der Tanz des grünen Sommerlaubs wiederholte sich im Wellentanz der grünen Sommersee dahinter. Von den geheimnisvollen

Bäumen waren nur die großen Wurzeln zu sehen, denn der Rest ragte so hoch darüber hinaus, und ringsherum war ein Wald voll kleiner, lebendiger und glücklicher Wesen. Sie hätten zwei harmlose Naturkundler sein können oder sogar zwei Kinder, die an diesem Sommertag Molche oder Stichlinge fingen – doch da zog Paynter etwas hoch, das im Netz schwerer wog als jeder Knochen. Es zerriss fast die Maschen und fiel klirrend gegen einen bemoosten Stein.

»Die Wahrheit liegt auf dem Grund eines Brunnens«, rief der Amerikaner aufgeregt. »Die Axt des Holzfällers.«

Da lag sie tatsächlich im Gras neben dem Brunnen, flach und blitzend wie in jenem Unterholz, wo der Waldarbeiter sie am Anfang von alledem hingeworfen hatte. Doch an einer Ecke der hell schimmernden Schneide saß ein dunkelbrauner Fleck.

»Ich verstehe«, sagte Ashe, »die Axt des Holzfällers, und deshalb also der Holzfäller. Sie ziehen Ihre Schlüsse ein wenig schnell.«

»Meine Schlüsse sind plausibel«, sagte Paynter. »Sehen Sie, Mr. Ashe, ich weiß, was Sie denken. Ich weiß, dass Sie Treherne misstrauen. Aber ich bin mir sicher, Sie werden hier trotzdem zu einem gerechten Urteil kommen. Zunächst mal ist die erste Annahme sicherlich, dass die Axt des Holzfällers vom Holzfäller benutzt wurde. Was sagen Sie dazu?«

»Ich sage ›Nein‹ dazu«, erwiderte der Anwalt. »Die letzte Waffe, die ein Holzfäller benutzen würde, wäre eine Holzfälleraxt – das heißt, wenn er geistig zurechnungsfähig wäre.«

»Das ist er nicht«, sagte Paynter ruhig. »Sie wollten eben die Meinung des Arztes dazu hören. Der Doktor hat in diesem Fall die gleiche Ansicht wie ich. Wir beide haben ihn da draußen umherschleichen sehen. Es ist jedenfalls offensichtlich, dass ihm die Sache zu Kopf gestiegen ist. Wenn der Mörder so zurechnungsfähig wäre wie Sie, wäre

Ihre Meinung vielleicht triftig. Aber dieser Mörder ist ein Mystiker. Er war von einem wahnhaften Hass gegen die Bäume angetrieben. Wahrscheinlich war für ihn mit der Axt irgendein feierliches Opfer verbunden, und er hätte am liebsten Vanes Kopf vor einer großen Volksmenge abgehackt, so wie bei Charles dem Ersten. Er sucht die Axt immer noch und hält sie wahrscheinlich für eine Reliquie.«

»Und deshalb«, sagte Ashe lächelnd, »hat er sie sofort in den Brunnen geschmissen.«

Paynter lachte.

»Jetzt haben Sie mich natürlich erwischt«, sagte er. »Aber ich glaube, Sie haben noch etwas anderes im Hinterkopf. Sie werden vermutlich sagen, dass wir alle den Wald beobachtet haben. Aber stimmt das? Offen gestanden könnte ich mir fast vorstellen, die Pfauenbäume hätten mich mit einer Art Krankheit geschlagen -- der Schlafkrankheit.«

»Ja«, gab Ashe zu, »jetzt haben Sie mich auch erwischt. Ich fürchte, ich kann nicht schwören, dass ich die ganze Zeit wach geblieben bin. Aber das führe ich nicht auf magische Bäume zurück – sondern nur auf mein Hobby, abends ins Bett zu gehen. Aber hören Sie, Mr. Paynter, es gibt noch ein anderes und besseres Argument dagegen, dass irgendein Außenseiter aus dem Dorf oder der Umgebung das Verbrechen begangen hat. Angenommen, er ist irgendwie an uns vorbeigeschlüpft und dann auf den Squire losgegangen. Warum sollte er ihn aber im Wald stellen? Woher wusste er überhaupt, dass er im Wald war? Sie erinnern sich, wie unvermittelt der alte Junge da hineingestapft ist, auf welchen plötzlichen Impuls hin. Es ist der letzte Ort, an dem man normalerweise mitten in der Nacht einen solchen Mann suchen würde. Nein, es ist schrecklich zu sagen, aber wir, die Gruppe um den Gartentisch, waren die Einzigen, die es wussten. Was mich auf eine Ihrer Bemerkungen zurückbringt, die ich für absolut zutreffend halte.«

»Welche?«, fragte der andere.

»Dass der Mörder ein Mystiker war«, sagte Ashe. »Aber ein intelligenterer Mystiker als der arme alte Martin.«

Paynter wandte murmelnd etwas ein, verstummte dann aber.

»Lassen Sie uns offen reden«, fuhr der Anwalt fort. »Treherne hatte all die verrückten Motive, die Sie selbst gegen den Holzfäller ins Feld führen. Er wusste, wo Vane war, was niemand vom Holzfäller behaupten kann. Aber da war noch viel mehr. Wer hat den Squire verspottet und ihn angestachelt, überhaupt in den Wald zu gehen? Treherne. Wer prophezeite wie ein astrologischer Quacksalber, dass ihm etwas zustößt, wenn er in den Wald geht? Treherne. Wer war es, der – aus welchem Grund auch immer – die ganze Nacht vor Wut schäumte und ruhelos auf dem Kliff auf und ab tigerte und in wirre Worte ausbrach, dass bald alles vorüber sei? Treherne. Und damit nicht genug, als ich mich dem Wald näherte, wen sah ich da verstohlen wie einen Schatten hinausschlüpfen, das Gesicht dem Mond zugewendet? Auf Ehre und Gewissen – Treherne.«

»Das ist grauenvoll«, sagte Paynter bestürzt. »Was Sie da sagen, ist einfach grauenvoll.«

»Ja«, sagte Ashe ernst, »grauenvoll, aber sehr einfach. Treherne wusste, wohin die Axt ursprünglich geschleudert worden war. Ich habe gesehen – an dem Tag, als er zum ersten Mal hier zu Mittag gegessen hat –, wie er mit Luchsaugen den Vorgang beobachtete, während Miss Vane mit ihm sprach. In jener furchtbaren Nacht konnte er, als er in den Wald ging, die Axt problemlos finden. Er wusste ohne Zweifel von dem Brunnen – bei wem läge es näher, dass er alle alten Überlieferungen über die Pfauenbäume kennt? Er versteckte den Hut in den Bäumen, weil er vermutlich hoffte (obwohl dieser Punkt unwesentlich ist), dass niemand wagen würde, dort zu suchen. Jedenfalls hat er ihn versteckt, weil der Hut als Einziges im Brunnen nicht unterging. Mr. Paynter, glauben Sie, ich würde das von irgendjemandem sagen, nur weil ich ihn nicht ausstehen kann? Würde das irgendein Mensch über irgendeinen anderen Menschen sagen, außer der Fall liegt so klar auf der Hand wie dieser?«

»Er ist aufgeklärt«, sagte Paynter, der sehr blass geworden war. »Ich habe nichts dagegen vorzubringen, nur ein schwaches, irrationales Gefühl – ein Gefühl, dass uns der arme Vane, wenn er jetzt lebend vor uns stehen könnte, vielleicht eine andere und noch unglaublichere Geschichte erzählen würde.«

Ashe machte eine traurige Geste.

»Können diese trockenen Knochen zum Leben erwachen?«, fragte er.

»Ihr verdorrten Gebeine«, antwortete der andere mechanisch, »höret des Herrn Wort …«

Und plötzlich hielt er mit offenem Mund inne, die blassen Augen wie geblendet durch ein Wunder.

»Hören Sie«, sagte er heiser und hastig, »Sie haben das Wort gesagt. Was bedeutet es? Was kann es bedeuten? Trocken? Wieso sind diese Knochen trocken?«

Der Anwalt zuckte zusammen und starrte auf den Haufen hinunter.

»Ihr Fall ist aufgeklärt!«, rief Paynter in wachsender Erregung. »Wo ist das Wasser im Brunnen? Das Wasser, das ich wie eine Flamme hochschießen sah? Warum ist es hochgeschossen? Wohin ist es verschwunden? Aufgeklärt! Wir sind unter Rätseln begraben.«

Ashe bückte sich, hob einen Knochen auf und sah ihn sich an.

»Sie haben Recht«, sagte er mit unsicherer Stimme, »dieser Knochen ist knochentrocken.«

»Ja, ich habe Recht«, erwiderte Cyprian. »Und Ihr Mystiker ist immer noch genauso mysteriös – wie ein Mystiker.«

Es folgte ein langes Schweigen. Ashe legte den Knochen ab, hob die Axt auf und untersuchte sie eingehender. Abgesehen von dem dunklen Fleck an der Ecke des Blatts war nichts Ungewöhnliches an ihr, außer einem breiten weißen Lappen, der um den Stiel gewickelt war, wahrscheinlich damit er besser in der Hand lag. Der Anwalt fand es allerdings bemerkenswert, dass der Lappen neuer und sauberer war als die Axt. Aber beides war vollkommen trocken.

»Mr. Paynter«, sagte er schließlich, »ich gebe zu, Sie haben einen Treffer gelandet, dem Geiste, wenn nicht dem Buchstaben nach. Streng logisch genommen ist dieses größere Rätsel keine Antwort auf den von mir dargestellten Sachverhalt. Wenn die Axt nicht im Wasser gebadet hat, dann hat sie in Blut gebadet. Und das Wasser, das aus dem Brunnen sprang, ist keine Erklärung für den Dichter, der aus dem Wald sprang. Aber ich gebe zu, dass es moralisch und praktisch einen wesentlichen Unterschied macht. Wir sind jetzt mit einem kolossalen Widerspruch konfrontiert, und wir wissen nicht, welches Ausmaß er noch annimmt. Die Leiche kann vom Mörder zerhackt oder bis auf die Knochen ausgekocht worden sein, auch wenn es schwerfällt, dies mit den Umständen des Mordes in Verbindung zu bringen. Es ist vorstellbar, dass sie durch irgendwelche Eigenschaften im Wasser und Boden so skelettiert wurde, denn der Prozess der Verwesung hängt sehr stark von solchen Dingen ab. Ich sollte wegen solcher Schwierigkeiten meine Beweisführung aufgrund des ersten Eindrucks gegen die fragliche Person nicht fallen lassen. Aber hier haben wir etwas vollkommen anderes. Dass die Knochen in einem Brunnen voller Wasser oder in einem Brunnen, der gestern noch voller Wasser war, trocken geblieben sein sollen – das bringt uns an einen Punkt jenseits aller Mutmaßungen. Damit haben wir einen neuen Faktor, eine gewaltige Unbekannte im Spiel. Solange wir es nicht schaffen, solche irrsinnigen Tatsachen überein zu bringen, können wir auch keine Beweise gegen Treherne oder sonst jemanden ins Feld führen. Nein, es bleibt jetzt nur eine Sache zu tun. Da wir ihn nicht anklagen können, müssen wir an ihn appellieren. Wir müssen ihm klipp und klar sagen, was gegen ihn spricht, und darauf vertrauen, dass er eine Erklärung hat – und sie uns gibt. Ich schlage vor, wir gehen zurück und machen es jetzt gleich.«

Paynter, der ihm einige Schritte folgte, zögerte dann aber und sagte: »Verzeihen Sie, wenn ich mir etwas herausnehme, denn Sie sind, wie Sie sagen, der ältere Freund der Familie. Ich stimme Ihrem Vorschlag vollkommen zu, aber ich finde, bevor Sie aufgrund Ihrer jetzigen Verdächtigungen vorgehen, sollte da nicht Miss Vane ein wenig vorgewarnt werden, was meinen Sie? Ich fürchte nämlich, dass das ein neuer Schock für sie sein wird.«

»Also gut«, sagte Ashe, nachdem er ihn eine Weile unverwandt angesehen hatte, »gehen wir erst hinüber zu ihr.«

Vom Ausgang des Waldes aus sahen sie Barbara Vane schreibend am Gartentisch sitzen, der voller Briefe lag, während der gelbgesichtige Butler hinter ihrem Stuhl stand. Da die Grasfläche zwischen ihnen zunehmend schrumpfte und die kleine Gruppe am Tisch größer und im Sonnenlicht deutlicher erschien, hatte Paynter das bedrückende Gefühl, Mitüberbringer einer Unheilsbotschaft zu sein. Es verstärkte sich noch, als die junge Frau vom Tisch aufsah und ihnen entgegenlächelte.

»Ich würde gerne mit Ihnen über eine eher heikle Sache sprechen«, sagte der Anwalt, bei aller Höflichkeit mit einer gewissen Strenge. Und nachdem der Butler fortgeschickt worden war, breitete er den ganzen Sachverhalt vor ihr aus, sprach teilnahmsvoll, ließ aber nichts unerwähnt, von der merkwürdigen Flucht des Dichters aus dem Wald bis zum letzten Detail der trockenen Knochen im Brunnen. Nichts war an seinem Ton oder an seinen Äußerungen auszusetzen, und trotzdem schien es Cyprian, in dem das Feingefühl seiner Nation gegenüber dem anderen Geschlecht in jeder Nervenfaser zitterte, als ob sie einem Inquisitor gegenübersäße. Er stand unbehaglich dabei, betrachtete die wenigen farbigen Wolken am klaren Himmel und die munteren Vögel, die über dem Wald umherflogen, und wünschte sich oben auf den Baum zurück.

Doch bald löste die Art und Weise, wie die junge Frau die Sache aufnahm, mehr Erstaunen als Mitgefühl in ihm aus. Es war völlig anders, als er erwartet hatte, und doch konnte er die Art der Abweichung nicht benennen. Die abschließende Identifizierung des Schädels ihres Vaters durch das Loch im Hut ließ sie leicht erblassen, aber brachte sie nicht aus der Fassung. Das war insofern erklärbar, als sie die Dinge von Anfang an pessimistisch gesehen hatte. Doch während des Fortgangs der Erzählung ließ sich auf ihrer breiten Stirn unter den kupferfarbenen Locken ein grüblerischer Ausdruck nieder, der wiederum selbst ein Rätsel war. Paynter konnte nur feststellen, dass sie, ob Stärke oder Schwäche zeigend, weniger passiv reagierte, als er erwartet hatte. Es war, als ob sie nicht über das Problem, das alle betraf, nachdächte, sondern über ihr eigenes. Sie schwieg lange und sagte dann schließlich:

»Danke, Mr. Ashe, ich weiß das wirklich zu schätzen. Es bringt die Sache an einen Punkt, zu dem sie früher oder später ohnehin kommen musste.« Sie schaute versonnen auf den Wald und das Meer und fuhr fort: »Ich kann nicht nur an mich selbst denken, verstehen Sie; aber wenn es wirklich *das* ist, was Sie glauben, dann ist es Zeit, dass ich mich ausspreche, ohne jemanden um Erlaubnis zu bitten. Sie sagen, als ob es etwas Furchtbares wäre: ›Mr. Treherne war im Wald in jener Nacht.‹ Nun, für mich ist es nicht so furchtbar, wissen Sie, denn ich weiß, dass er dort war. Um die Wahrheit zu sagen, wir waren zusammen dort.«

»Zusammen!«, wiederholte der Anwalt.

»Wir waren zusammen«, sagte sie leise, »weil wir ein Recht hatten, zusammen zu sein.«

»Sie meinen«, stammelte Ashe entgeistert, »dass Sie verlobt waren?«

»Oh, nein«, sagte sie, »wir waren verheiratet.«

Dann, inmitten eines fassungslosen Schweigens, fügte sie gewissermaßen als Nachtrag hinzu:

»Genau genommen sind wir es noch.«

Der sonst so beherrschte Anwalt lehnte sich wie vor den Kopf gestoßen zurück, so dass Paynter sich eines Lächelns nicht erwehren konnte.

»Sie werden mich natürlich fragen«, fuhr Barbara gemessen fort, »warum wir heimlich geheiratet haben, so dass selbst mein armer Vater nichts davon wusste. Nun, ich antworte darauf ganz offen, weil er, wenn er es gewusst hätte, mich mit Sicherheit enterbt hätte. Er konnte meinen Mann nicht ausstehen, und ich habe den Eindruck, dass auch Sie ihn nicht mögen. Und wenn ich Ihnen dies erzähle, weiß ich nur zu gut, was Sie sagen werden – der klassische Abenteurer, der sich die klassische Erbin schnappt. Das ist vollkommen nachvollziehbar, aber es ist zufällig komplett falsch. Wenn ich meinen Vater des Geldes wegen betrogen hätte oder, von mir aus, des Mannes wegen, dann würde ich mich doch etwas schämen, vor Ihnen darüber zu sprechen. Aber ich glaube, Sie können sehen, dass ich mich kein bisschen schäme.«

»Ja«, sagte der Amerikaner mit ernstem Nachdruck, »ja, das sehe ich.«

Sie schaute ihn einen Moment lang geistesabwesend an, als suchte sie Worte für etwas schwer Fassbares, dann sagte sie: »Erinnern Sie sich, Mr. Paynter, noch an den Tag, als sie zum ersten Mal hier gegessen und uns von den afrikanischen Bäumen erzählt haben? Nun, das war mein Geburtstag – ich meine mein erster Geburtstag. Da wurde ich geboren oder ich bin aufgewacht. Ich war im Garten herumgelaufen wie eine Schlafwandlerin in der Sonne. Ich glaube, es gibt viele solche Schlafwandler in unseren Kreisen und unserer Gesellschaft – benommen vor Gesundheit, narkotisiert von guten Manieren, zu angepasst an unsere

Milieus, um noch lebendig zu sein. Nun, in mir erwachte irgendwie das Leben – und Sie wissen, welch tiefen Eindruck Dinge in uns hinterlassen, die wir zum ersten Mal entdecken, wenn wir noch Babys sind und etwas erkennen. Ich begann zu erkennen. Eines der ersten Dinge, die ich erkannte, war Ihre Geschichte, Mr. Paynter. Mir kommt es so vor, als hätte ich von St. Securis gehört wie Kinder vom Nikolaus hören und als wäre dieser riesige Baum ein Schreckgespenst, an das ich immer noch glaubte. Denn ich glaube tatsächlich noch an solche Dinge – eigentlich glaube ich mehr und mehr an sie. Ich habe das Gefühl, dass mein Vater mit seiner Ungläubigkeit auf dem Holzweg war – und dass Sie ihm alle auf diesem Weg folgen. Das ist der Grund, warum ich wirklich das Anwesen haben will, und das ist der Grund, warum ich mich nicht schäme, es haben zu wollen. Ich bin mir vollkommen sicher, Mr. Paynter, dass nur jemand dieses darbende Land und diesen darbenden Menschenschlag retten kann, der sie versteht. Ich meine, wer die tausend kleinen Zeichen und Wegweiser in der Erde selbst und in der Beschaffenheit der Landschaft zu lesen versteht und die Spuren, die fast schon zertrampelt sind. Mein Mann versteht sie zu lesen, und ich habe angefangen zu verstehen – mein Vater hätte das niemals verstanden. Es gibt Mächte, es gibt einen Genius Loci, es gibt Wesenheiten, die man nicht einfach abtun kann. Oh, glauben Sie nicht, ich sei sentimental und weine den guten alten Zeiten nach. Die alten Zeiten waren nicht nur gut – genau das ist der Punkt, und wir müssen genug verstehen, um das Gute vom Bösen zu unterscheiden. Wir müssen genug verstehen, um die Spuren eines Heiligen oder einer heiligen Tradition zu retten – oder, wo ein falscher Gott verehrt wird, seinen Altar zu zerstören und seinen Hain abzuholzen.«

»Seinen Hain«, wiederholte Paynter mechanisch und schaute zu dem kleinen Wäldchen, wo die sonnenüberglänzten Vögel flogen.

»Mrs. Treherne«, sagte Ashe mit eindrucksvoller Gelassenheit, »ich bin alledem keineswegs so abgeneigt, wie Sie vielleicht denken mögen. Ich würde auch nicht sagen, dass das alles Unsinn oder geistiger Flitterkram ist, denn es ist etwas durchaus Besseres. Es ist, wenn ich so sagen darf, Flitterwochenkram. Ich würde nie der Redensart widersprechen, dass etwas die Welt regiert, wenn es auch in den Köpfen der Menschen regiert. Aber es gibt noch andere Gefühle, Madam, und andere Pflichten. Ich brauche Ihnen nicht zu erklären, dass Ihr Vater ein guter Mann war und dass das, was ihm widerfahren ist, selbst dann beklagenswert wäre, wenn es einen schlechten Menschen getroffen hätte. Das ist eine schreckliche Geschichte, und vor allem inmitten von Schrecken müssen wir unseren Verstand besonders zusammenhalten. Alles hat seine Zeit, und wenn mein alter Freund abgeschlachtet worden ist, dann kommen Sie mir nicht mit noch so schönen Märchen über einen Heiligen und seinen Zauberwald.«

»Und Sie?«, rief sie und stand erregt auf. »Mit was für Märchen kommen Sie hier an? In was für einem Zauberwald sind *Sie* unterwegs? Sie kommen her und erzählen mir, Mr. Paynter hätte einen Brunnen gefunden, in dem das Wasser erst hochschießt und dann verschwindet; aber natürlich sind alle Wunder Unsinn! Sie erzählen mir, Sie selbst hätten Knochen aus dem gleichen Wasser gefischt und jeder Knochen sei so trocken wie ein Zwieback gewesen. Aber lassen Sie uns um Himmels willen bloß nichts sagen, was jemandem den Kopf verdrehen könnte! Wahrhaftig, Mr. Ashe, Sie müssen versuchen, Ihren Verstand zusammenzuhalten!«

Sie lächelte, aber ihre Augen blitzten, und Ashe erhob sich und gab sich mit einem unwillkürlichen Lachen geschlagen.

»Nun, wir müssen gehen«, sagte er. »Darf ich sagen, dass Ihre neue transzendentale Ausbildung durchaus Anerkennung verdient? Ich wusste immer schon, wenn ich so sagen darf, dass Sie Verstand haben, und Sie haben nun offenbar gelernt, ihn zu benutzen.«

Die beiden Amateurdetektive gingen in den Wald zurück, da Ashe sich überlegte, die sterblichen Reste des unglücklichen Squire woandershin zu bringen. Wie er betonte, war nun dem Recht nach ein polizeiliches Ermittlungsverfahren möglich, und selbst in diesem frühen Stadium der Untersuchungen war er dafür, es sofort durchführen zu lassen.

»Ich selbst werde die Voruntersuchung leiten«, sagte er, »und ich glaube, die Anzeige wird sich gegen ›eine unbekannte Person oder mehrere unbekannte Personen‹ richten. Lassen Sie sich davon nicht ins Bockshorn jagen, das wird oft so gehandhabt, um den Schuldigen in falscher Sicherheit zu wiegen. Das ist nicht das erste Mal, dass die Polizei es für angemessen hält, zunächst alle Spuren zu sichern und danach erst mit den Befragungen zu beginnen.«

Doch Paynter hörte kaum zu, denn seine große Begeisterungsfähigkeit, die er lange an Künste und Affektationen verschwendet hatte, war von dem Roman des wirklichen Lebens, in den er gerade gestolpert war, neu beseelt worden. Er war wirklich ein großer Kritiker – er hatte die Gabe der Bewunderung, und seine Bewunderung verwandelte sich entsprechend dem Gegenstand, den er bewunderte.

»Ein tolles Mädchen und eine tolle Geschichte«, rief er. »Ich fühle mich selbst wie frisch verliebt, nicht so sehr in sie als vielmehr in Eva oder Helena von Troja oder eine der anderen wunderbaren Schönheiten am Morgen der Welt. Lieben Sie nicht auch alles Heroische, diesen Ernst und großen Freimut und die Art, wie sie von einer Art Thron herunterstieg, um mit einem Vagabunden in der Wildnis zu landen? Ach, glauben Sie mir, in Wahrheit ist sie die Dichterin – sie hat den größeren Verstand, und in ihrer Brust ruhen Ehre und Heldenmut.«

»Kurz gesagt: Sie ist ungewöhnlich attraktiv«, erwiderte Ashe nicht ohne Sarkasmus. »Ich kannte mal recht gut eine Mörderin, die ihr sehr glich und auch diese Haarfarbe hatte.«

»Sie reden, als könnte man einen Mörder an seinen roten Haaren statt an seinen blutroten Händen erkennen«, gab Paynter zurück. »In diesem Augenblick könnte man Sie selbst roter Haare überführen. Sind Sie vielleicht zufällig ein Mörder?«

Ashe sah rasch auf und lächelte dann.

»Ich fürchte, ich kenne mich mit Mördern so gut aus wie Sie sich mit Dichtern«, antwortete er. »Und ich versichere Ihnen, es gibt sie mit allen Haarfarben und Temperamenten. Wahrscheinlich ist es unmenschlich zu sagen, aber mein Beruf ist ungeheuer faszinierend, selbst in einem kleinen Ort wie diesem hier. Was diese junge Frau betrifft, kenne ich sie natürlich schon ihr ganzes Leben und … aber … aber das ist genau die Frage. Habe ich sie ihr ganzes Leben gekannt? Habe ich sie überhaupt gekannt? War sie überhaupt vorhanden, so dass man sie kennen konnte? Sie bewundern sie dafür, dass sie die Wahrheit sagt. Und das tat sie bei Gott, als sie sagte, dass manche Menschen spät aufwachen, die zuvor gar nicht gelebt haben. Wissen wir, zu was sie imstande sind – wir, die wir sie nur schlafend gesehen haben?«

»Gütiger Himmel!«, rief Paynter. »Sie wollen doch wohl nicht behaupten, dass sie …«

»Nein, das tue ich nicht«, sagte der Anwalt gelassen, »aber es gibt noch andere Gründe … Ich behaupte hier gar nichts, bis wir unser Gespräch mit Ihrem Dichter hatten. Ich glaube, ich weiß, wo wir ihn finden.«

Tatsächlich fanden sie ihn früher als erwartet, denn er saß mit einem Krug Apfelmost auf der Bank vor dem *Vane Arms* und wartete auf die Rückkehr seines amerikanischen Freundes. So war es nicht schwierig, ein Gespräch mit ihm zu beginnen. Auch wich er keineswegs dem Thema der Tragödie aus. Und der Anwalt, der sich zu ihm auf die lange Bank setzte, die auf den kleinen Marktplatz blickte, legte ihm die neuesten Entwicklungen genauso sachlich dar, wie er sie Barbara dargelegt hatte.

»Tja«, sagte Treherne schließlich, lehnte sich zurück und blinzelte das Wirtshausschild mit den bunten Vögeln und Delphinen an, das direkt über ihm hing. »Nehmen wir an, jemand hat tatsächlich den Squire umgebracht. Er seinerseits hatte mit seiner Gesundheitshygiene und seiner aufgeklärten Grundherrenherrlichkeit eine Menge Leute auf dem Gewissen.«

Paynter machte diese alarmierende Eröffnung tief beklommen, aber der Dichter – die Hände in den Taschen und die Füße vor sich ausgestreckt – fuhr recht unverfroren fort.

»Wenn ein Mann über die Macht eines türkischen Sultans verfügt und sie mit den Ideen einer alten Jungfer aus Pusementuckel ausübt, dann frage ich mich oft, warum ihm keiner ein Messer in den Leib rammt. Ich wünschte, es gäbe mehr Sympathie für Mörder. Mir selbst tut es sehr leid, dass der alte Mann nicht mehr da ist. Aber Ihr Gentlemen scheint immer zu vergessen, dass es noch andere Menschen auf der Welt gibt. Ihm geht es gut – er war ein guter Mann, und seine Seele, davon gehe ich aus, ist ins schönste aller Paradiese eingegangen.«

Der besorgte Amerikaner konnte keine Reaktion in dem dunklen napoleonischen Gesicht des Anwalts feststellen, der nur sagte: »Was meinen Sie damit?«

»Ins Paradies der Toren«, sagte Treherne und leerte seinen Krug mit Apfelmost.

Der Anwalt stand auf. Weder sah noch sprach er Treherne an, vielmehr blickte er über ihn hinweg den Amerikaner an, den die Äußerung nicht wenig verblüffte.

»Mr. Paynter«, sagte Ashe, »Sie fanden es eher makaber von mir, dass ich Mörder sammle. Aber es ist vorteilhaft für Ihren Blick auf den Fall, dass ich das tue. Es wird Sie vielleicht überraschen zu erfahren, dass Mr. Treherne sich in meinen Augen jetzt vollständig entlastet hat. Ich habe wie gesagt mehrere Mörder gut gekannt, aber eines hat keiner von ihnen getan. Ich habe nie einen Mörder erlebt, der über den Mord sprach und diesen dann zugleich abstritt und verteidigte. Nein, wenn ein Mann sein Verbrechen verbirgt, warum sollte er dann die Mühe auf sich nehmen, es zu entschuldigen?«

»Nun«, sagte Paynter erfreut, »ich habe immer gesagt, dass Sie ein bemerkenswerter Mann sind, und das ist zweifellos ein bemerkenswerter Gedanke.«

»Verstehe ich das richtig«, fragte der Dichter und schlug mit seinen Schuhabsätzen auf die Pflastersteine, »dass die beiden Herren die Freundlichkeit hatten, mich an den Galgen bringen zu wollen?«

»Nein«, sagte Paynter nachdenklich. »Ich habe Sie nie für schuldig gehalten. Und selbst wenn ich es getan hätte – wenn Sie verstehen, was ich meine –, hätte ich die Schuld nie für eine so große Schuld gehalten. Die Tat wäre nicht für Geld oder aus irgendwelchen anderen niedrigen Beweggründen begangen worden, sondern für etwas Wilderes und eines genialen Mannes Würdigeres. Schließlich, so vermute ich, sind die Leidenschaften eines Dichters große überirdische Begierden, und die Welt behandelt seine Sünden immer mit mehr Nachsicht. Doch jetzt, da Mr. Ashe Ihre Unschuld eingesteht, kann ich offen sagen, dass ich nie daran gezweifelt habe.«

Der Dichter erhob sich ebenfalls. »Tja, ich bin unschuldig, so merkwürdig das ist«, sagte er. »Ich glaube, ich habe eine Vermutung, was Ihren versiegenden Brunnen angeht, aber über den Tod und die trockenen Knochen weiß ich nicht mehr als der Tote – wenn überhaupt so viel. Und übrigens, mein lieber Paynter«, und er wandte sich mit strahlenden Augen an den Kunstkritiker, »ich verzeihe Ihnen, dass Sie mir all die Dinge verziehen haben, die ich nicht begangen habe. Und Sie werden, so hoffe ich, entschuldigen, wenn ich zu allem, was Sie über die Moral von Dichtern gesagt haben, eine andere Meinung habe. Wie Sie schon angedeutet haben, ist diese Ansicht *en vogue*, aber ich halte sie für einen Trugschluss. Niemand hat weniger Recht, gesetzlos zu handeln, als derjenige, der über Phantasie gebietet. Denn er erlebt geistige Abenteuer und kann nach Belieben Urlaub nehmen. Ich konnte in meiner Phantasie den armen Squire immer ins Elfenland davontragen lassen, wenn ich ihn los sein wollte, und der Wald brauchte kein Verbrechen, um ihn für mich zu einem Ort des Bösen zu machen. Der rote Sonnenuntergang gestern Abend war alles, was für viele Menschen ein Mord gewesen wäre. Nein, Mr. Ashe, üben Sie, wenn Sie das nächste Mal zu Gericht sitzen, ein wenig Barmherzigkeit gegenüber dem armseligen Mann, der trinkt und stiehlt, weil er Bier trinken muss, um es zu schmecken, und stehlen muss, um es sich leisten zu können. Haben Sie Mitleid mit der nächsten Bande von Dieben, die Dinge in der Hand halten müssen, um sie zu besitzen. Aber wenn Sie *mich* je dabei erwischen sollten, dass ich auch nur einen Viertelpenny stehle, wo ich doch nur die Augen schließen muss, um Eldorado vor mir zu sehen, dann …«, und er hob sein Gesicht wie ein Falke, »dürfen Sie kein Erbarmen mit mir haben, denn ich verdiene es nicht.«

»Also«, begann Ashe nach einer Pause, »ich muss los und Dinge für die Ermittlung vorbereiten. Mr. Treherne, Ihre Einstellung ist höchst interessant. Ich wünschte fast, ich könnte Sie meiner Sammlung von Mördern hinzufügen. Es ist eine gemischte und außergewöhnliche Gesellschaft.«

»Ist Ihnen jemals in den Sinn gekommen«, fragte Paynter, »dass vielleicht die Menschen, die nie einen Mord begangen haben, eine gemischte und sehr außergewöhnliche Gesellschaft sind? Vielleicht enthält das Leben jedes einfachen Mannes das wahre Geheimnis, das Geheimnis unbegangener Sünden.«

»Mag sein«, erwiderte Ashe. »Es wäre ziemlich aufwendig, den nächsten Mann auf der Straße anzuhalten und zu fragen, welche Verbrechen er nie begangen hat und warum nicht. Und ich habe zufällig zu tun, Sie entschuldigen mich.«

»Was«, fragte der Amerikaner, als er und der Dichter allein waren, »vermuten Sie, was es mit dem Verschwinden des Wassers auf sich hat?«

»Ich weiß nicht, ob ich Ihnen das schon mitteilen will«, sagte Treherne, und in seinen dunklen Augen blitzte etwas von dem alten Schalk auf. »Ich erzähle Ihnen dafür etwas anderes, was vielleicht damit im Zusammenhang steht – etwas, das ich nicht erzählen konnte, bis meine Frau über unser Treffen im Wald gesprochen hatte.« Sein Gesicht war wieder ernst geworden, und er fuhr nach einer Pause fort:

»Als meine Frau ihrem Vater hinterhergehen wollte, gab ich ihr den Rat, erst zurück ins Haus zu gehen, es durch eine andere Tür zu verlassen und mich eine halbe Stunde später im Wald zu treffen. Wir hatten natürlich viele solcher Verabredungen und gewöhnlich großen Spaß daran. Aber diesmal ging es um eine ernste Frage, und ich wollte nicht, dass in der Eile etwas Falsches geschah. Es war die Frage, ob sich etwas tun ließ, um ein Experiment rückgängig zu machen, das wir beide als gefährlich empfanden. Und sie vor allem war nach einiger Überlegung zu dem Schluss gekommen, dass eine Einmischung unsererseits die Dinge nur verschlimmern würde. Sie glaubte, nachdem der alte Sportsmann zu einer Mutprobe herausgefordert worden war, würde er sich sicherlich nicht von demjenigen davon abbringen lassen, der ihn herausgefordert hatte, oder von einer Frau, die in seinen Augen ein Kind war. Schließlich verließ sie mich einigermaßen niedergeschlagen, während ich zurückblieb in der Hoffnung, vielleicht doch noch etwas ausrichten zu können, und so näherte ich mich voller Zweifel der Waldesmitte. Und dort hörte ich statt der erwarteten Stille eine Stimme. Es war, als würde der Squire mit sich selber reden, und mir kam der unangenehme Verdacht, dass er in dem Hexenwald schon den Verstand verloren hatte. Aber ich entdeckte bald, dass er, wenn er sprach, mit zwei Stimmen sprach. Andere Phantasien ergriffen Besitz von mir, etwa, dass die andere die Stimme des Baums oder die Stimmen der drei Bäume war, die miteinander sprachen, ohne dass ein Mensch in der Nähe war. Aber es war nicht die Stimme des Baums. Im nächsten Moment erkannte ich die Stimme, denn ich hatte sie zwanzig Mal am Tisch mir gegenüber gehört. Es war die Stimme von Ihrem Arzt. Ich hörte sie mit solcher Gewissheit, wie Sie jetzt meine Stimme hören.«

Er hielt kurz inne und fuhr dann fort: »Ich verließ den Wald, ich wusste kaum, warum – mit wilden und wirren Empfindungen. Und als ich in den blassen Mondschein hinaustrat, stand dort der alte Anwalt und starrte mich an wie eine Eule. Das Licht berührte sein rotes Haar wie mit Feuer, aber sein kantiges altes Gesicht lag im Schatten. Doch ich wusste, hätte ich es lesen können, wäre es das Gesicht eines Todesrichters gewesen.«

Er ließ sich erneut auf der Bank nieder, lächelte verhalten und fügte hinzu: »Nur glaube ich, dass er wie viele Todesrichter geduldig darauf wartete, den falschen Mann zu hängen.«

»Und der richtige Mann …«, sagte Paynter unwillkürlich. Treherne zuckte mit den Schultern, fläzte sich auf der Bierbank und spielte mit seinem leeren Krug.

IV

Die Jagd nach der Wahrheit

Einige Zeit nach der Untersuchung der sterblichen Überreste, die zu demselben uneindeutigen Urteil geführt hatte, zu dem auch Mr. Andrew Ashe gekommen war, saß Paynter wieder auf der Bank vor dem Dorfgasthof, vor sich auf dem Tisch ein Glas *Light Ale*, das er weniger des Geschmacks als vor allem des Lokalkolorits wegen genoss. Nur ein einziger weiterer Gast, ein Neuankömmling, saß mit ihm auf der Bank. Der kleine Marktplatz war zu dieser Zeit verlassen, und ansonsten war Paynter in der letzten Zeit viel alleine gewesen. Er war nicht unglücklich, denn er glich seinem großen Landsmann Walt Whitman darin, dass er ein ganzes Universum wie einen offenen Regenschirm mit sich herumtrug. Er war aber nicht nur allein, sondern einsam. Denn Ashe war Hals über Kopf nach London gefahren, und seit seiner Rückkehr war er mit undurchsichtigen Rechtsangelegenheiten befasst, die zweifellos mit dem Mord zu tun hatten. Und Treherne hatte längst in dem Herrenhaus seine Position als Ehemann der großen Lady eingenommen, und beide waren mit tiefgreifenden Veränderungen auf dem Anwesen beschäftigt. Insbesondere die Lady, die zu jenen Menschen gehörte, deren Träume »nach Umsetzung verlangen«, widmete sich der Landschaftsgärtnerei mit dem Gestus einer Riesin. Es war deshalb naheliegend, dass ein so kontaktfreudiger Geist wie Paynter mit dem einzigen anderen Fremden, der im Gasthaus weilte – offenbar ein Zugvogel wie er selbst –, ins Gespräch kam. Dieser Mann, der neben ihm auf der Bank eine Pfeife rauchte, den Rucksack vor sich auf dem Tisch, war ein Künstler, der gekommen war, um an dieser romantischen Küste zu zeichnen;

ein großer Mann mit Samtjackett, flachsfarbenem Haarschopf, langem hellem Bart, aber dunkelbraunen Augen, und dieser Kontrast hatte für Paynter, er wusste selbst nicht warum, von Ferne etwas Russisches. Der Fremde schleppte seinen Rucksack in viele pittoreske Winkel; so hatte er die Erlaubnis erhalten, seine Staffelei in dem hochgelegenen Garten aufzustellen, wo der Squire seine *al fresco*-Bankette abgehalten hatte. Doch Paynter hatte nie eine Gelegenheit gehabt, die Arbeit des Künstlers zu beurteilen, noch fiel es leicht, den Künstler überhaupt dazu zu bringen, sich über seine Kunst auszulassen. Cyprian selbst war immer bereit, über jede Art von Kunst zu reden, und er sprach auch diesmal brillant, erhielt aber kaum eine Reaktion. Er erklärte, warum er die Kubisten dem Picasso-Kult vorziehe, doch sein neuer Freund schien an beidem nur geringes Interesse zu nehmen. Er deutete an, die Neo-Primitiven seien eigentlich auf dem Rückzug, während die echten Primitiven wieder auf dem Vormarsch waren; doch der Fremde schien die Andeutung ohne sonderliche Gefühlsregung zur Kenntnis zu nehmen. Als Paynter sogar bis in die graue Vorzeit des Post-Impressionismus hinabstieg, um eine gemeinsame Gesprächsbasis zu finden und sie wiederum nicht fand, begannen andere Erinnerungen in ihm Platz zu greifen. Er verlor sich gerade in dem eher düsteren Gedanken, dass die Geschichte mit den Pfauenbäumen vielleicht eines mysteriösen Fremden bedurfte, um sie zum Abschluss zu bringen, und dass dieser Mann eindeutig das Zeug zu einem solchen hatte – als der mysteriöse Fremde plötzlich sagte:

»Nun, es ist wohl an der Zeit, dass ich Ihnen zeige, woran ich hier unten arbeite.«

Mit grimmigem Lächeln öffnete er den Rucksack auf dem Tisch. Paynter sah mit höflichem Interesse zu, war aber ziemlich überrascht, als der Künstler keine erkennbaren Kunstwerke (auch nicht der kubistischsten Provenienz) auspackte und auf den Tisch legte, sondern (erstens) einen

Stapel Kanzleipapier, eng beschrieben mit Notizen in schwarzer und roter Tinte, und (zweitens), zur äußersten Verblüffung des Amerikaners, die Axt des Holzfällers mitsamt ihrem Stoffverband, die er selbst vor einiger Zeit in dem Brunnen gefunden hatte.

»Es tut mir leid, wenn ich Sie erschreckt habe, Sir«, sagte der russische Künstler mit ausgeprägtem Londoner Akzent. »Aber ich sage lieber gleich, dass ich Polizeibeamter bin.«

»Das sieht man Ihnen nicht an«, sagte Paynter.

»Das ist auch nicht die Absicht«, erwiderte der andere. »Mr. Ashe hat mich von Scotland Yard herbestellt, damit ich den Fall untersuche. Aber er meinte, ich solle mich an Sie wenden, wenn ich etwas Weiterführendes habe. Wollen wir gleich in den Fall einsteigen? –

Als ich mich der Sache annahm«, erklärte der Polizeidetektiv, »habe ich es auf Bitten von Mr. Ashe getan und insofern natürlich nach Mr. Ashes Maßgaben. Mr. Ashe ist ein sehr guter Strafverteidiger, mit einem fabelhaften Verstand, Sir, so voll wie der ›Newgate Calendar‹. Ich bin in meiner Arbeit von seiner Angabe ausgegangen, dass nur Sie fünf Gentlemen am Gartentisch von der Unternehmung des Squire Kenntnis hatten. Doch Gentlemen wie Sie haben, wenn ich so sagen darf, die Neigung, bestimmte Dinge und Leute zu übersehen, die wir gelernt haben zuallererst in den Blick zu nehmen. Und während ich die Ihnen bereits bekannten Recherchen von Mr. Ashe Stufe für Stufe verfolgte, also auch die Verdachtsmomente gegenüber bestimmten Personen, die ich hier nicht auszuführen brauche, weil sie mittlerweile fallen gelassen wurden, nahm der Fall langsam Formen an und wies in eine Richtung, die meiner Meinung nach von Anfang an hätte bedacht werden müssen – denn, um dies gleich zu sagen, es trifft nicht zu, dass sich fünf Männer an dem Tisch befanden. Es waren sechs.«

Paynter erinnerte sich an die unheimlichen Umstände jener Nachtwache im Garten, und er dachte an ein Gespenst oder an etwas noch Namenloseres als ein Gespenst. Doch die wohldurchdachte Rede des Beamten sollte ihn bald ins Bild setzen.

»Es waren sechs Männer und fünf davon Gentlemen, wenn Sie so wollen«, fuhr er fort. »Dieser Mann – Miles, der Butler – sah den Squire genauso verschwinden wie Sie. Und ich habe bald herausbekommen, dass Miles ein Mann ist, der durchaus Interesse verdient.«

Ein leiser Schimmer des Verstehens glitt über Paynters Gesicht. »Ach, das war's also?«, murmelte er. »Endet unser ganzes mythologisches Rätsel damit, dass ein Polizeibeamter einen Butler am Schlafittchen packt? Nun, ich stimme mit Ihnen überein, dass er alles andere als ein normaler Butler ist, auch vom Aussehen her, und ich gebe zu, dass hier meine Vorstellungskraft versagt hat. Wie viele Mängel der Vorstellungskraft beruht auch dieser schlicht auf Snobismus.«

»Ganz so schnell gehen wir nicht vor«, bemerkte der Polizeidetektiv ungerührt. »Ich habe lediglich gesagt, dass die Nachforschungen zu Miles führten und dass er jedes Interesse verdient. Er genoss das Vertrauen des alten Squire in weit größerem Umfang, als viele Leute dachten. Und als ich ihn ins Kreuzverhör nahm, erzählte er mir eine Menge, das sich zu wissen lohnt. Ich habe das alles in den Aufzeichnungen hier festgehalten. Doch im Moment möchte ich Sie nur wegen eines einzigen Details behelligen. Eines Abends hielt sich dieser Butler vor der Tür zum Speisezimmer auf und hörte den Lärm einer heftigen Auseinandersetzung. Der Squire konnte hin und wieder ziemlich ausfällig werden. Doch seltsamerweise war bei dieser Szene der andere Gentleman noch ausfälliger. Miles hörte ihn wiederholt sagen, der Squire sei ein öffentliches Ärgernis und sein Tod wäre eine Erlösung für alle. Ich unterbreche mich hier nur kurz, um Ihnen zu sagen, dass der andere Gentleman Dr. Burton Brown war, der hiesige Landarzt.

Als Nächstes befragte ich Martin, den Holzfäller. Zumindest in einem Punkt ist seine Zeugenaussage vollkommen klar, und sie wird großenteils, wie Sie sehen werden, von anderen Zeugen bestätigt. Er sagt einerseits, dass der Arzt ihn davon abhielt, seine Axt wiederzufinden, und dies wird von Mr. und Mrs. Treherne erhärtet. Aber weiterhin sagt er, dass der Arzt zugab, das Ding selbst zu haben, und dies wird wiederum unterstützt durch die Aussage des Gärtners, der sah, wie der Arzt wenige Zeit später kam und die Axt an sich nahm. Martin sagt, dass Dr. Brown es wiederholt ablehnte, sie zurückzugeben, wobei er jedes Mal eine andere Ausrede dafür bemühte. Und schließlich, Mr. Paynter, hören wir das Zeugnis der Axt selbst.«

Er legte das Werkzeug des Holzfällers vor sich auf den Tisch und begann, das merkwürdige Wickelband um den Griff aufzureißen und abzuwickeln.

»Sie müssen zugeben, das ist ein komischer Verband«, sagte er. »Und komischerweise ist es wirklich ein Verband. Dieser weiße Stoff ist der gleiche, den sie in Krankenhäusern benutzen, genauso in Streifen geschnitten wie der hier. Aber die meisten Ärzte tragen ihn bei sich. Und ich habe die Aussage von Jake, dem Fischer, bei dem Dr. Brown eine Weile gewohnt hat, dass der Arzt ebenfalls diese lobenswerte Angewohnheit hatte. Und schließlich«, fügte er hinzu und strich einen Zipfel des Lappens auf dem Tisch glatt, »ist es nicht merkwürdig, dass darauf die Initialen T.B.B. geschrieben stehen?«

Der Amerikaner starrte die groben Tintenbuchstaben an, nahm sie aber kaum wahr. Was er sah, wie in einem Spiegel seiner verdunkelten Erinnerung, war die schwarze Gestalt mit den schwarzen Handschuhen vor dem blutroten Sonnenuntergang, die er gesehen hatte, als er aus dem Wald gekommen war, und die ihn seither verfolgte, ohne dass er wusste, warum.

»Natürlich verstehe ich, was Sie meinen«, sagte er, »und es ist mir höchst schmerzlich, denn ich kenne den Mann und habe großen Respekt für ihn empfunden. Aber es liegt auf der Hand, dass damit noch längst nicht alles erklärt ist. Wenn er ein Mörder ist, ist er denn auch ein Zauberer? Warum ist das ganze Brunnenwasser in einer Nacht verschwunden und hat die Knochen des Toten staubtrocken zurückgelassen? Das ist in Krankenhäusern doch keine übliche Operation, oder?«

»Was das Wasser betrifft, wissen wir die Erklärung«, sagte der Detektiv. »Ich als Cockney bin zunächst auch nicht darauf gekommen. Aber ein kleines Gespräch mit Jake und dem anderen Fischer über die alten Schmugglerzeiten hat mich belehrt. Allerdings muss ich gestehen, dass die trockenen Gebeine uns immer noch Rätsel aufgeben. Nichtsdestotrotz …«

Ein Schatten fiel auf den Tisch, und er brach unvermittelt ab. Ashe stand unter dem bemalten Wirtshausschild, den schwarzen Anzug bis zum Hals zugeknöpft, und sein Todesrichtergesicht, von dem der Dichter gesprochen hatte, war im hellen Sonnenschein unverkennbar. Hinter ihm standen zwei kräftige Männer in Zivil und rührten sich nicht. Doch Paynter wusste sofort, wer sie waren.

»Wir müssen unverzüglich handeln«, sagte der Anwalt. »Dr. Burton Brown verlässt das Dorf.«

Der große Detektiv sprang auf, und Paynter tat es ihm nach.

»Er ist zu den Trehernes hinaufgegangen, wahrscheinlich um sich zu verabschieden«, fuhr Ashe hastig fort. »Es tut mir leid, aber wir müssen ihn, wenn nötig, dort im Garten festnehmen. Ich habe dafür Sorge getragen, dass die Dame des Hauses nicht da ist. Aber Sie«, er wendete sich an den vorgeblichen Landschaftsmaler, »müssen sofort hinaufgehen und Ihre Staffelei nahe dem Tisch aufstellen und sich bereithalten. Wir folgen leise und halten uns hinter dem Baum. Wir müssen vorsichtig sein, denn er hat eindeutig Wind von uns gekriegt, sonst würde er nicht Reißaus nehmen.«

»Das gefällt mir gar nicht«, meinte Paynter, als sie zum Park und Garten hinaufstiegen, während der Polizeidetektiv vorauseilte.

»Meinen Sie vielleicht mir?«, fragte Ashe, und tatsächlich sah sein energisches Gesicht so runzlig und alt aus, dass das rote Haar so unnatürlich wirkte wie eine rote Perücke. »Ich kenne ihn länger als Sie, wobei ich ihn allerdings auch schon länger in Verdacht habe.«

Als sie den Rasenhang erreichten, hatte der Detektiv seine Staffelei bereits aufgebaut. Eine kräftige Brise Richtung Meer ließ seine Ausrüstung klappern und zerzauste seinen blonden (und falschen) Bart. Gekräuselte Federwölkchen jagten seewärts über die vielfarbige Landschaft, die der amerikanische Kunstkritiker einst an einem fröhlicheren Morgen überblickt hatte. Aber man darf bezweifeln, dass der Landschaftsmaler ihr allzu viel Beachtung schenkte. Treherne war schemenhaft im Eingang des Hauses zu erkennen, das nunmehr das seinige war. Er kam nicht näher, denn er hasste diese öffentliche Pflicht noch mehr als die übrigen. Die anderen postierten sich ein Stück weit hinter dem Baum. Zwischen den Linien dieser maskierten Kombattanten überquerte die schwarze Gestalt des Doktors den Rasen. Er bewegte sich schnurstracks, so wie damals, als er dem Holzfäller die schlimme Nachricht überbrachte. Heute lächelte er unter dem dunklen, über der Oberlippe gestutzten Schnurrbart, wenn er ihnen auch ein wenig blass vorkam. Und einen Moment hielt er inne und musterte durch seine Brille den Maler.

Der Maler wandte sich in einer natürlichen Bewegung von seiner Staffelei ab und schnappte dann blitzartig den Arzt am Kragen.

»Ich verhafte Sie …«, begann er. Aber Dr. Brown riss sich mit erstaunlicher Behendigkeit los, sprang den Detektiv an, rupfte ihm den falschen Bart ab und warf diesen wie eines der Federwölkchen in die Luft; dann stieß er die Staffelei mit einem heftigen Tritt um und floh wie ein Hase Richtung Meeresstrand.

Selbst noch in diesem umwerfenden Augenblick stufte Paynter diesen ungestümen Empfang als unerhörte Begebenheit und fast als Antiklimax ein. Aber er hatte keine Zeit, darüber nachzudenken, denn er und die ganze Meute jagten dem Mann hinterher. Treherne, von Neugier und neuer Energie befeuert, bildete die Nachhut.

Bei seiner Flucht prallte der Arzt mit einem Polizisten zusammen, der ihm den Weg abschneiden wollte und rücklings den Hang hinunterpurzelte. In der Tat schien der Flüchtende mit der Kraft eines wilden Affen ausgestattet. Er machte einen Satz über die Blumenmauer, über die sich Barbara einst gelehnt und ihren künftigen Liebhaber betrachtet hatte, und stolperte in rasendem Tempo den Pfad hinab, den der Troubadour hinaufgekommen war. Sie rannten mit dem rauschenden Wind um die Wette hinter ihm her, quer durch den Garten und den Pfad hinab und schließlich zum Strand bei der Fischerkate und den zerklüfteten Höhlen und Spalten, die der Amerikaner bei seiner ersten Ankunft so bewundert hatte. Der Ausreißer hielt aber nicht auf das Haus zu, in dem er lange gewohnt hatte, sondern auf die Mole, als ob er das Boot kapern oder schwimmen wollte. Erst als er das Ende des schmalen Steinstegs erreichte, drehte er sich um und kehrte ihnen sein blasses, bebrilltes Gesicht zu, und sie sahen, dass er immer noch lächelte.

»Jetzt bin ich aber erleichtert«, sagte Treherne und seufzte tief auf. »Der Mann ist übergeschnappt.«

Trotzdem erschreckte sie, als der Arzt das Wort ergriff, die Natürlichkeit seiner Stimme fast so sehr wie ein Schrei.

»Gentlemen«, sagte er, »ich möchte Sie nicht von der Ausübung Ihrer schmerzlichen Pflicht abhalten, indem ich Sie frage, was Sie wollen. Aber ich möchte vorderhand um einen kleinen Gefallen bitten, der diese Pflicht in keiner Weise beeinträchtigt. Ich bin wohl ein bisschen schnell hierher gerannt – aber um ehrlich zu sein, hatte ich befürchtet, zu spät zu einer Verabredung zu kommen.« Er schaute gleichmütig auf seine Uhr. »Ich sehe, es sind noch fünfzehn Minuten. Möchten Sie diese kurze Zeit mit mir hier warten? Danach stehe ich Ihnen gern zur Verfügung.«

Es folgte eine verblüffte Stille, bis Paynter sagte: »Ich für meinen Teil fände es besser, ihm hier entgegenzukommen.«

»Ashe«, sagte der Arzt mit plötzlichem Ernst, »erweisen Sie mir um unserer alten Freundschaft willen diese kleine Gefälligkeit. Es macht keinen Unterschied, ich habe weder Waffen noch die Absicht zu fliehen. Sie können mich gerne durchsuchen, wenn Sie wollen. Ich weiß, Sie glauben, das Richtige zu tun, und ich weiß auch, dass Sie es so anständig tun werden, wie Sie können. Und schließlich haben Sie Freunde, die Sie unterstützen. Gucken Sie Ihren Freund mit dem Bart an oder was von seinem Bart noch übrig ist. Warum sollte ich nicht auch einen Freund haben, der mir hilft? In wenigen Minuten wird ein Mann hier sein, in den ich einiges Vertrauen setze, eine große Autorität in diesen Dingen. Warum nicht warten, und sei es nur aus Neugier, und seine Sicht des Falls anhören?«

»Das ist doch alles Unsinn«, sagte Ashe, »aber auf die Chance hin, dass Licht auf die Sache fällt, habe ich nichts dagegen, eine Viertelstunde zu warten. Wer ist wohl dieser Freund? Irgendein Amateurdetektiv, nehme ich an.«

»Ich danke Ihnen«, sagte der Arzt würdevoll. »Ich glaube, Sie werden ihm vertrauen, wenn Sie erst ein wenig mit ihm geredet haben. Und jetzt«, fügte er hinzu, als wollte er sich liebenswürdig und entspannt leichteren Themen zuwenden, »lassen Sie uns über den Mord sprechen.«

Er setzte sich auf einen Stein und begann mit der absurden Pose eines Professors, der sich auf das Niveau seiner Studenten herablässt, zu dozieren.

»Dieser Fall«, sagte er wie unbeteiligt, »wird, glaube ich, als ziemlich einzigartig in die Annalen eingehen. Es gibt eine sehr eindeutige und schlüssige Indizienlage gegen Thomas Burton Brown beziehungsweise mich selbst. Aber da ist eine Besonderheit bei dieser Beweislast, die Ihnen vielleicht aufgefallen ist. Sie basiert nämlich im Grunde genommen auf einer einzigen Quelle, und diese ist eher ungewöhnlich. So sagt der Holzfäller aus, ich hätte seine Axt gehabt – aber was lässt ihn das glauben? Er erklärt, *ich* hätte ihm gesagt, und zwar wieder und wieder, dass ich seine Axt hätte. Dann hat Mr. Paynter hier die Axt aus dem Brunnen gezogen – aber womit? Ich glaube, Mr. Paynter wird bezeugen, dass *ich* ihm das Gerät gebracht habe, womit er sie geangelt hat – Gerät, das er sonst wahrscheinlich nie bekommen hätte. Merkwürdig, finden Sie nicht? Dann stellt sich heraus, dass die Axt mit Mull umwickelt ist, wie ich ihn, nach Aussage des Fischers, in meiner Praxis habe. Aber wer hat dem Fischer den Mullstoff gezeigt? Das war ich. Wer schrieb die großen Buchstaben darauf? Das war ich. Wer hat den Mull schließlich um den Griff gewickelt? Ich. Schon ein sehr seltsames Vorgehen. Hat schon irgendjemand eine Erklärung dafür vorgelegt?«

Seine Worte, die zunächst mit kühler Betretenheit aufgenommen wurden, begannen mehr und mehr die Aufmerksamkeit der Zuhörer zu fesseln.

»Dann ist da der Brunnen selbst«, fuhr der Arzt mit der gleichen verrückt anmutenden Gelassenheit fort. »Ich gehe davon aus, dass mittlerweile einige von Ihnen sein Geheimnis kennen. Das Geheimnis des Brunnens erschöpft sich darin, dass er kein Brunnen ist. Er ist oben absichtlich wie ein Brunnen gestaltet, aber eigentlich ist er eine Art Kamin, der sich von der Decke einer der Höhlen dort drüben nach oben öffnet – einer Höhle, die direkt unter dem Wald landeinwärts verläuft und meilenweit durch Tunnels und Geheimgänge mit weiteren Öffnungen verbunden ist. Es ist eine Art Labyrinth, das seit Urzeiten von Schmugglern und ähnlichem Gelichter benutzt wurde. Das erklärt zu einem Großteil das Verschwinden der Leute, von denen wir gehört haben. Aber zurück zu dem Brunnen, der kein Brunnen ist, falls es jemand von Ihnen noch nicht wissen sollte. Wenn das Meer zu gewissen Zeiten sehr hoch steigt, füllt es die Höhle unten und drückt sogar in den Kamin hinauf, so dass er mehr denn je wie ein Brunnen aussieht. Das Geräusch, das Mr. Paynter hörte, war das Gurgeln eines Brechers, der von draußen eindrang, und das Ganze hing mit etwas so Elementarem wie der Flut zusammen.«

Der Amerikaner war so verblüfft, dass er zu einer normalen Konversation zurückfand.

»Die Flut!«, sagte er. »Und ich habe nicht ein einziges Mal daran gedacht! Das kommt wahrscheinlich davon, wenn man am Mittelmeer wohnt.«

»Der nächste Schritt wird jedem einleuchten«, fuhr der Sprecher fort, »der über ein logisches Gehirn verfügt wie zum Beispiel Mr. Ashe. Wenn die Frage gestellt wird, warum trotzdem die sterblichen Überreste des Squire, die seit seinem Verschwinden dort lagen, nicht weggespült wurden, gibt es darauf nur eine mögliche Antwort. Die Überreste haben *nicht* seit seinem Verschwinden dort gelegen. Sie wurden vielmehr mit Absicht in die Höhle unter dem Wald gelegt, und zwar *nachdem* Mr. Paynter seine erste Erkundung durchgeführt hatte. Kurzum, sie wurden dorthin gebracht, nachdem das Meer zurückgegangen und die Höhle wieder trocken war. Das ist der Grund, warum die Knochen trocken waren – natürlich viel trockener als die Höhle selbst. Wer aber hat sie wohl dahin gelegt, frage ich mich?«

Er blickte ernst durch seine Brille über ihre Köpfe ins Leere, und plötzlich lächelte er.

»Ah!«, rief er und sprang auf. »Hier kommt endlich der Amateurdetektiv!«

Ashe wandte den Kopf über seine Schulter und blieb ein paar Sekunden reglos wie mit steifem Nacken stehen. Direkt hinter ihm befand sich in der Felsklippe eine der

Spalten oder Schründe, die sie überall zerklüfteten. Aus dieser trat, wie aus einer schmalen Tür, Squire Vane mit breitem Grinsen in den Sonnenschein.

Ein heftiger Wind wehte von der Steilküste oben aufs Meer hinaus, über ihre Köpfe hinweg, und sie hatten das Gefühl, dass alles über ihre Köpfe hinweg geschah und sich ihrer Kontrolle entzog. Paynter war es, als sei sein Kopf wie ein Hut weggeblasen worden. Doch nichts von diesem unbegreiflichen Sturm schien auch nur ein Härchen auf dem weißen Kopf des Squire zu krümmen, dessen Auftreten, obgleich etwas wichtigtuerisch und an der Grenze zur Selbstgefälligkeit, gelöster wirkte als früher. Sein rotes Gesicht war braun gebrannt wie das eines Seemanns, und seine leichte Kleidung hatte etwas Fremdländisches.

»Nun, Gentlemen«, sagte er aufgeräumt, »das ist also das Ende vom Mythos der Pfauenbäume. Tut mir leid, wenn ich die hübsche Geschichte des Weltenbummlers damit zerstöre, Mr. Paynter, aber der Scherz ließ sich nicht in alle Ewigkeit fortführen. Und es tut mir leid, dass ich Ihrem schönen Gedicht ein Ende setze, Mr. Treherne, aber mir geht diese ganze Dichterei doch ein bisschen zu weit. So haben Dr. Brown und ich diese kleine Überraschung für Sie vorbereitet. Und ich darf – ohne mich selbst loben zu wollen – sagen, dass Sie ein wenig überrascht aussehen.«

»Was zum Donnerwetter«, fragte Ashe schließlich, »soll das alles bedeuten?«

Der Squire lachte wohlgelaunt und fast ein bisschen entschuldigend.

»Ich fürchte, ich habe eine Schwäche für Streiche«, sagte er, »und dies ist vermutlich mein letzter großer Streich. Aber ich möchte, dass Sie die Absicht und den praktischen Nutzen dieses Streichs verstehen. Ich schmeichle mir, dass er für die Sache des Fortschritts und für den Menschenverstand und für die Überwindung des hirnverlassenen Aberglaubens sehr nützlich sein wird. Der beste Teil davon, das gebe ich zu, war die Idee des Doktors und nicht meine. Ich hatte nichts anderes vor, als die Nacht in den Bäumen zu verbringen und dann so frisch und munter wieder aufzutauchen und Ihnen klarzumachen, was für Esel Ihr alle seid. Aber Dr. Brown hier folgte mir in den Wald, und wir hatten eine kleine Unterredung, die meine Pläne nicht unerheblich änderte. Er meinte, dass mit so einem Verschwinden für ein paar Stunden der Unsinn nicht aus der Welt geräumt sei. Die meisten Menschen würden nicht einmal davon erfahren, und die übrigen würden sagen, dass eine Nacht nichts beweise. Er zeigte mir ein viel wirkungsvolleres Verfahren, das in mehreren Fällen angewandt worden war, um fingierte Wunder zu entlarven. Dazu musste man erreichen, dass die Sache überall als Wunder angesehen wurde, um es dann überall als Schwindelei zu entlarven. Ich kann all die Argumente nicht so gut darlegen wie er, aber das war ungefähr die Idee.«

Der Arzt nickte und starrte schweigend auf den Sand, während der Squire mit ungemindertem Vergnügen fortfuhr:

»Wir kamen überein, dass ich durch das Loch in die Höhle vorstoßen und dann meinen Weg durch die Tunnel, wo ich als Junge oft gespielt habe, zum nächsten Bahnhof laufen sollte, ein paar Meilen von hier, um dort den Zug nach London zu nehmen. Es war für den Streich natürlich unabdingbar, dass ich verschwand, ohne eine Spur zu hinterlassen. So begab ich mich denn an einen Hafen und verbrachte ein, zwei sehr schöne Monate an meinen alten Aufenthaltsorten auf Zypern und am Mittelmeer. Dieser Teil der Angelegenheit tut nichts zur Sache, außer dass ich dafür sorgte, zu einem bestimmten Zeitpunkt zurück zu sein – und hier bin ich also. Aber nach allem, was ich über die hiesigen Vorkommnisse erfahren habe, zweifle ich nicht, dass mein Manöver gelungen ist. Jedermann in Cornwall und die meisten Menschen in Südengland haben vom Verschwinden des Squire gehört. Und Tausende von Schwachköpfen haben sich angesichts dieses fabelhaften Beweises für die unsichtbare Welt über Kristallkugeln und Tarotkarten gebeugt. Ich schätze mal, das Wiederauftauchen des Squire wird ihre Karten durcheinanderwirbeln und ihre Kristallkugeln zertrümmern, so dass dieser Quatsch im zwanzigsten Jahrhundert nicht noch einmal um sich greift. Ich mache die Pfauenbäume zur Lachnummer in ganz Europa und Amerika.«

»Naja«, sagte der Anwalt, der als Erster seinen Verstand wieder beisammen hatte. »Wir freuen uns natürlich alle sehr, Sie wiederzusehen, Squire. Und ich verstehe Ihre Erklärung und Ihre naheliegenden persönlichen Motive bei der Sache. Aber ich fürchte, ich habe noch nicht alles begriffen. Schön und gut, Sie wollten verschwinden, aber war es da nötig, die falschen Knochen in der Höhle zu verstauen und damit Dr. Brown nahezu den Strick um den Hals zu legen? Und wer hat sie dorthin gebracht? Die Behauptung muss total wahnsinnig erscheinen – aber soweit ich aus alledem schlau werde, scheint Dr. Brown selbst sie dort hingelegt zu haben.«

Der Arzt hob zum ersten Mal den Kopf.

»Ja, ich habe die Knochen dorthin gebracht«, sagte er. »Ich glaube, ich bin der erste Sohn Adams, der alle Beweise für eine Mordanklage gegen sich selbst fabriziert hat.«

Nun zeigte der Squire alle Anzeichen des Erstaunens. Der alte Gentleman schaute entgeistert von einem zum anderen.

»Knochen! Mordanklage!«, stieß er hervor. »Was zum Teufel soll das Ganze? Wessen Knochen?«

»Ihre eigenen, wenn Sie so wollen«, räumte der Arzt taktvoll ein. »Ich musste sicherstellen, dass Sie wirklich tot waren und nicht durch Zauberei verschwunden.«

Der Squire schien noch hoffnungsloser verwirrt als die Gruppe seiner Freunde es angesichts seiner Eskapade gewesen waren. »Warum?«, fragte er. »Ich dachte, der Witz an der Sache sei, es wie Magie aussehen zu lassen. Warum wollten Sie unbedingt, dass ich tot bin?«

Dr. Brown stand mit erhobenem Kopf und hob nun langsam eine Hand. Er zeigte mit ausgestrecktem Arm auf den Felsüberhang über der Landspitze, wo der Eingang zur Höhle lag. Es war exakt der Teil des Strandes, wo Paynter an jenem Frühlingsmorgen angelandet war und der Anblick der Pfauenbäume ihn fasziniert hatte. Doch die Bäume waren nicht mehr da.

Die Tatsache als solche verwunderte sie nicht weiter – die Abholzung war natürlich eine der ersten durchgreifenden Veränderungen unter dem neuen Regime der Trehernes gewesen. Sie wussten es alle, aber sie hatten es vollständig vergessen, und erst jetzt offenbarte sich ihnen die Bedeutung davon plötzlich wie ein Himmelszeichen.

»Das ist der Grund«, sagte der Doktor. »Daran habe ich vierzehn Jahre lang gearbeitet.«

Sie schauten nicht länger auf den kahlen Felsvorsprung, auf dem die gefiederten Bäume einst ein so vertrauter Anblick gewesen waren, denn etwas anderes fesselte ihre Aufmerksamkeit. Jeder, der den Squire jetzt sah, hätte seine Meinung darüber geändert, wer eigentlich der Wahnsinnige in der Gruppe war. Die Veränderung hatte ihn wie mit einem Donnerschlag getroffen. Er hatte nicht im Entferntesten geahnt, dass die Geschichte vom *Verschwundenen Squire* nur das Vorspiel für das Verschwinden der Bäume war. Die nächste halbe Stunde war erfüllt von seinen Tobsuchtsanfällen und Vorhaltungen, die sich allmählich beruhigten und in Forderungen nach einer Erklärung und in unzusammenhängende Fragen mündeten, die er ein ums andere Mal wiederholte. Er musste schließlich – trotz des Respekts, den man ihm entgegenbrachte – regelrecht gebändigt werden, bevor so etwas wie Raum oder Ruhe eintrat, damit der Doktor seine Geschichte zu Ende erzählen konnte. Es war eine vielleicht beispiellose Geschichte, von der nur er selbst Kenntnis hatte, und obschon seine Erzählung durchaus unterbrochen wurde, soll sie hier in seinen eigenen Worten wiedergegeben werden.

»Erstens möchte ich unmissverständlich klarstellen, dass ich an nichts glaube. Ich gebe noch nicht einmal diesem Nichts, an das ich glaube, einen Namen. Sonst wäre ich Atheist. Ich hatte nie auch nur den Hauch einer Vorstellung von Himmel und Hölle. Ich halte es für das Wahrscheinlichste, dass wir Würmer im Schlamm sind, aber zufällig habe ich Mitleid mit den anderen Würmern, die unter die Räder geraten. Und ich selbst bin die Sorte Wurm, der sich umdreht, wenn er kann. Wenn ich schon wenig für Frömmigkeit übrig habe, so habe ich noch weniger für Dichtung übrig. Ich bin nicht wie unser Ashe, der bis obenhin mit Kriminologie vollgestopft ist, aber daneben noch viele kulturelle Interessen verfolgt. Ich habe keine Ahnung von Kultur, außer es handelt sich um Bakterienkulturen. Manchmal glaube ich, dass Mr. Ashe genauso ein Kunstkritiker ist wie Mr. Paynter, nur mit dem Unterschied, dass er nach Helden und Bösewichtern im wirklichen Leben sucht. Aber ich bin ein sehr pragmatischer Mensch und verlasse mich nur auf wissenschaftliche Fakten. In diesem Dorf bin ich auf ein Faktum gestoßen – ein Fieber. Ich konnte es nicht einordnen, es schien eine Besonderheit dieses Küstenzipfels zu sein – es führt zu eigenartigen Reaktionen wie Delirium und geistigem Zerfall. Ich habe es genau so untersucht, wie ich das bei einem unbekannten Fall im Krankenhaus gemacht hätte, habe mit anderen Wissenschaftlern korrespondiert und Aufzeichnungen verglichen. Aber niemand hatte auch nur eine Arbeitshypothese dafür, außer natürlich die unwissende Landbevölkerung, die meinte, dass die Pfauenbäume auf irgendeine verrückte Weise giftig seien.

Nun, die Pfauenbäume *waren* giftig. Die Pfauenbäume lösten tatsächlich das Fieber aus. Ich verifizierte die Tatsache auf dem mühseligen Weg, der dafür notwendig war – ich verglich alle Schweregrade und Einzelheiten einer großen Zahl von Fällen, und es war eine erschreckende Zahl. Am Ende hatte ich die Ursache lokalisiert, so wie Harvey den Blutkreislauf entdeckt hat. Jeder, der den Dingern nahekam, hatte es zu büßen. Diejenigen, die ungeschoren davonkamen, waren exakt die Ausnahmen, die die Regel bestätigten, abnorm gesunde und kräftige Menschen wie der Squire und seine Tochter. Mit anderen Worten, die Bauern hatten Recht. Aber wenn ich das so sage, wird jemand aufschreien: ›Sie glauben also, dass es übernatürlich war?‹ Genau das werden Sie alle sagen, und genau das ist es, was ich beklage. Ich könnte mir vorstellen, dass wegen dieses abergläubischen Argwohns gegenüber dem Aberglauben, durch diese blödsinnige Furcht vor der Furcht Hunderte von Menschen gestorben und Krankheiten unentdeckt geblieben sind. Wenn Sie nicht von Anfang an Tageslicht durch den Wald der Tatsachen dringen sehen, dann trauen Sie sich nicht in den Wald hinein. Wenn wir nicht im Voraus versprechen können, dass es so etwas wie eine natürliche Erklärung gibt – wie Sie das nennen, damit nur ja Ihre kostbare Würde vor Wundern bewahrt wird –, dann würden Sie nicht mal den Anfang der schlichten Geschichte anhören. Vielleicht gibt es keine natürliche Erklärung! Vielleicht weiß ich nicht, ob es eine gibt oder nicht! Was zur Hölle hat das mit Ihnen zu tun oder damit, wie ich mit Tatsachen umgehe, die ich kenne? Mein Gefühl sagt mir, dass es sie gibt; dass, wenn ich meine Forschungen weit genug vorantreiben könnte, irgendeine schreckliche Parodie des Heuschnupfens, irgendein Effekt analog dem der Pollen, alle Fakten erklären würde. Ich habe die Erklärung nie gefunden. Was ich gefunden habe, sind die Fakten. Und es ist nun einmal Tatsache, dass diese Bäume da oben ringsum Tod verbreitet haben, als wären sie Riesen, die auf einem Berg stehen und Menschen massenweise mit Knüppeln erschlagen. Man wird einwenden, ich hätte jetzt nur noch die Beweise vorlegen müssen, dann wäre die Plage beseitigt worden. Vielleicht hätte ich die wissenschaftliche Welt schließlich überzeugt, wenn mehr und mehr Leichenprozessionen durch das Dorf zum Friedhof gezogen wären. Aber ich hatte nicht die Welt der Wissenschaft, sondern den Gutsherrn zu überzeugen. Der Squire wird mir nachsehen, wenn ich sage, dass das etwas vollkommen anderes war. Ich habe es einmal versucht und dabei die Beherrschung verloren und Dinge gesagt, die ich nicht verteidigen will – und ich habe seine Vorurteile damit nur befeuert und tiefer in ihm eingegraben, wie die Bäume. Ich hatte einen Umstand gegen mich, der all meine Ziele konterkarierte. Eine Sache ließ meine ganze Wissenschaft als blanken Unsinn erscheinen. Und das war die bekannte Legende.

Squire, gäbe es eine solche Legende über Heuschnupfen, dann würden Sie die Existenz von Heuschnupfen bestreiten. Wenn es eine populäre Geschichte über Blütenstaub gäbe, dann würden Sie sagen, es sei bloß das Geschwätz der Leute. Etwas stand mir entgegen, das schwerer wiegt und hoffnungsloser ist als die Feindseligkeit der Gelehrten: ich hatte die Unterstützung der Unwissenden. Meine Erkenntnis war hoffnungslos mit einer Erzählung verflochten, die Gebildete schlicht und einfach als Lüge ansahen. Ich habe nie wieder eine Erklärung versucht, vielmehr habe ich mich entschuldigt, eine Bekehrung zum Alltagsverstand vorgegeben und ansonsten die weitere Entwicklung abgewartet. Doch während der ganzen Zeit nahm allmählich in mir ein größerer, wenn auch nicht ganz sauberer Plan immer mehr Gestalt an. Ich wusste, dass Miss Vane sehr unter Mr. Trehernes Einfluss stand, ob sie nun mit Mr. Treherne verheiratet war oder nicht – wie ich später erfuhr, war sie es –, so dass am ersten Tag, an dem sie ihre Erbschaft antrat, das Schicksal der giftigen Bäume besiegelt war. Aber sie konnte keine Erbschaft antreten oder irgendwie eingreifen, solange der Squire auf Erden weilte. Für ein logisch denkendes

Gehirn war damit klar, dass der Squire sterben musste. Aber da ich sowohl human wie rational vorgehen wollte, lag mir daran, seinen Tod vorübergehend zu gestalten.

Zweifellos wurde die Durchführung meines Plans durch eine Reihe von Zufällen beschleunigt, aber ich hielt Ausschau nach solchen Zufällen. So hatte ich eine Vorahnung, welche Rolle die Axt in der Geschichte spielen würde, gleich als sie gegen die Bäume geschleudert wurde; es hätte den Holzfäller überrascht, wenn er gewusst hätte, wie nah wir mit unseren Gedanken beieinander lagen, und dass ich nur einen etwas ausgetüftelteren Belagerungsring um die Türme der Pest legen wollte. Aber als der Squire impulsiv aufbrach, um nach Meinung der Hälfte der hiesigen Bevölkerung in den sicheren Tod zu gehen, ergriff ich meine Chance. Ich folgte ihm und sagte ihm all das, was er Ihnen erzählt hat. Ich glaube nicht, dass er mir je vergeben wird, aber das hält mich nicht davon ab zu erklären, dass ich ihn sehr dafür bewundere, dass er im landläufigen Sinne verrückt, in Wahrheit aber ein echter Sportsmann ist. Es braucht schon einen ziemlich prachtvollen alten Mann, um einen Streich in so großem Stil durchzuziehen. Er kam so schnell herunter von dem Baum, den er hinaufgeklettert war, dass er keine Zeit hatte, seinen Hut von dem Ast zu klauben, an dem er sich verfangen hatte.

Zunächst musste ich feststellen, dass ich mich verrechnet hatte. Ich dachte, sein Verschwinden würde mit seinem Tod gleichgesetzt, zumindest nach einer gewissen Zeit. Aber Ashe erklärte mir, ohne Leiche könne es keine solche formelle Feststellung geben. Zugegeben, ich war etwas verärgert, aber dann machte ich mich daran, eine Leiche zu fabrizieren. Für einen Arzt ist es nicht schwer, an ein Skelett zu kommen – ich hatte sogar eines, aber Mr. Paynter in seinem Eifer war mir einen Tag voraus, und ich konnte die Knochen erst im Brunnen platzieren, nachdem er ihn schon entdeckt hatte. Doch ergab sich für mich aus seiner

Erzählung eine weitere Chance, denn ich merkte mir, wo das Loch im Hut war, und machte ein exakt passendes Loch in den Schädel. Warum ich die anderen Indizien produziert habe, ist vielleicht nicht ganz so leicht zu verstehen. Es ist Ihnen möglicherweise nicht bewusst, dass ich kein Teufel in Menschengestalt bin. Ich konnte keinen Mord glaubhaft machen, ohne Hinweise auf einen Mörder zu streuen, und ich war entschlossen, es so anzulegen, dass die Spur des Verbrechens schließlich zu mir führen musste. So bin ich nicht überrascht, dass Sie herumrätselten, was die Mullbinde um den Griff der Axt sollte, denn sie hatte einzig und allein den Zweck, den Mann zu belasten, der sie darum gewickelt hatte. Die Jagd musste bei mir enden, doch als ich immer mehr in die Enge getrieben wurde, geriet ich außer Rand und Band, und ich fürchte, ich habe mir mit der Staffelei und dem Bart des Herrn ein bisschen zu viel herausgenommen. Ich war der einzige Mensch, der das riskieren konnte, da ich auch der Einzige war, der im letzten Moment den Squire vorzeigen und beweisen konnte, dass es gar kein Verbrechen gegeben hatte. Das, Gentlemen, ist die wahre Geschichte der Pfauenbäume. Und dieser Kahlschlag dort oben, wo der Wind wie über einer Wildnis pfeift, ist ein Stück nackter Erde, das zu schaffen mich ähnliche Mühen gekostet hat wie andere die Errichtung einer Kathedrale.

Eigentlich ist nichts mehr zu sagen, aber etwas liegt mir noch auf der Seele, und ich will es zu sagen versuchen. Hätten Sie nicht diesen Bauern, denen Sie ohnehin schon so viel Vertrauen schenken, etwas mehr vertrauen können? Diese Leute sind Menschen, und ihr Wort hatte Gewicht – selbst ihre Väter waren keine kompletten Dummköpfe. Wenn Ihr Gärtner etwas gegen die Bäume vorbrachte, haben Sie ihn für verrückt erklärt, aber es war nicht verrückt, wie er Ihren Garten geplant und gepflanzt hat. Sie haben dem Urteil Ihres Holzfällers über diese Bäume nicht vertraut, aber bei allen anderen Bäumen schon. Haben Sie je darüber nachgedacht, was die ganze Arbeit in der Welt für einen Wert hätte, wenn die Armen so ohne Sinn und Verstand wären, wie Sie annehmen? Aber nein, Sie haben an Ihrem rationalen Grundsatz festgehalten. Und Ihr rationaler Grundsatz lautete, dass etwas falsch sein muss, wenn Tausende von Menschen es für wahr erkannt haben – gerade weil viele Augen etwas gesehen haben, konnte es nicht existieren.«

Er schaute Ashe herausfordernd an, doch obwohl der Seewind die rote Mähne des Anwalts durcheinanderbrachte, blieb seine napoleonische Maske gelassen; durch ihre neugewonnene Milde war sie sogar beinahe schön zu nennen.

»Ich bin jetzt schlicht zu glücklich, wenn ich daran denke, wie falsch ich lag«, antwortete er, »um mit Ihnen über unsere Theorien zu streiten, Doktor. Und doch, um dem Squire und mir selbst Gerechtigkeit widerfahren zu lassen, möchte ich Ihren umfangreichen Schlussfolgerungen gegenüber doch Einwendungen erheben. Ich respektiere diese Bauern, ich respektiere Ihre Hochachtung vor ihnen – aber ihre Geschichten sind etwas anderes. Ich glaube, ich würde alles für sie tun, außer ihnen zu glauben. Sie vermischen gerne Wahrheit und Phantasie, während die Aufgeklärteren die beiden auseinanderhalten – und ich bezweifle, ob Sie sich überlegt haben, was es heißen würde, auf ihr Wort zu vertrauen. Die Hälfte der Geister derer, die am Fieber gestorben sind, gehen wahrscheinlich in ihren Augen jetzt noch um. Und so liebenswürdig diese Menschen sind, ich glaube, sie würden immer noch eine Hexe verbrennen. Nein, Doktor, ich gebe zu, diesen Menschen wurde übel mitgespielt, ich gebe zu, dass sie in vieler Hinsicht besser sind als wir, aber dennoch würde ich niemals ihre Aussage für bare Münze nehmen.«

Der Arzt verneigte sich ernst und respektvoll, und dann sahen sie zum letzten Mal an diesem Tag sein etwas unheimliches Lächeln.

»Ganz recht«, sagte er. »Aber gehängt hätten Sie mich aufgrund ihrer Aussage.«

Und ihnen den Rücken zukehrend, wandte er wie automatisch sein Gesicht dem Dorf zu, wo er seit so vielen Jahren seine Arztrunde drehte.

Nachwort

Gilbert Keith Chesterton (1874–1936) hat etwas Kolossalisches: Sein Werk beläuft sich auf etwa einhundert Bücher, darunter Romane, Gedichtzyklen, Erzählungs- und Essaysammlungen, Monographien über Schriftsteller und Biographien von katholischen Heiligen. Viele dieser Bücher atmen eine geistige Originalität und Unabhängigkeit, die an Karl Kraus gemahnt. Zudem war er ein streitbarer Journalist, der über Jahrzehnte einmal wöchentlich (zuweilen auch zweimal) eine umfangreiche tagespolitische Kolumne publizierte. Und last but not least war er ein begnadeter Redner, der sich vor Einladungen im In- und Ausland kaum retten konnte.

Sein rhetorisches Talent hatte er bereits in seiner Schulzeit im *Junior Debating Club* erprobt. Später trat Chesterton bei unzähligen Banketten als Festredner auf, mit der Folge, dass aus dem ranken jungen Mann von 1,93 Meter Größe die wohlbeleibte Erscheinung wurde, die Thomas Mann unverblümt den »dicken Chesterton« nannte.*

Zunächst begann Chesterton nach dem Schulbesuch der St. Paul's School in London Malerei und Zeichnen zu studieren, ein Hinweis darauf, dass er sich seiner eigentlichen Begabung keineswegs bewusst war. Erst durch die nachdrückliche Förderung von Zeitungsredakteuren und Verlegern fand er nach krisenhaften Jahren zu seiner literarischen Berufung. In einem Brief an einen Schulfreund schreibt der Zwanzigjährige: »Innerlich habe ich eine

*Ein kurzes Beispiel seines rednerischen Temperaments findet sich im Internet unter: https://www.youtube.com/watch?v=8xsX-xNXiJU&t=263s (freilich in »historischer« Tonqualität).

sonderbare Zeit durchgemacht. Sinnlose Depressionen, die sich in absurden psychologischen Verwirrungen äußerten, überfielen mich, und statt sie mir aus dem Kopf zu schlagen oder mich darüber auszusprechen, kostete ich alles aus und geriet wahrhaftig in sehr tiefe chaotische Abgründe.« Und in seiner Autobiographie ergänzt er später: »Doch war ich nicht verrückt in einem medizinischen oder physischen Sinn; ich ließ mich einfach weitestmöglich im Skeptizismus meiner Zeit treiben.«* In diesen beiden kurzen Selbstaussagen klingt schon ein Teil des Programms seiner unermüdlichen literarischen und journalistischen Tätigkeit an. Chesterton wendet sich gegen jede Form von Skeptizismus und Pessimismus, welche im Gefolge von Schopenhauer und seinem Schüler Nietzsche auch in England die Geisteshaltung um die Wende vom 19. zum 20. Jahrhundert prägten. Er sieht in ihnen eine vollständige Verkennung der Realität und eine Zerstörung der seelischen Lebensgrundlage der Menschen – so wie er im Kapitalismus die Zerstörung der Freiheit und ökonomischen Selbstbestimmung des Menschen erkennt, in der positivistischen Wissenschaft eine Verengung des Geistes und im Fortschrittsglauben eine törichte Überhebung der Jetztzeit gegenüber humaneren Lebensformen der Vergangenheit.

Das Irresein und Irrewerden der öffentlichen Meinung an den irrational erscheinenden Umbrüchen der Gesellschaft – für ihn exemplarisch erkennbar an den Burenkriegen (1880/81 und 1899–1902) und der damit einhergehenden nationalen Hysterie –, ließ für Chesterton keinen Zweifel, dass die imperialistische Gier nach Unterwerfung, Land und Gold zu jenem »chaotischen Abgrund« führte, der nicht nur den einzelnen Menschen, sondern die ganze Gesellschaft gefährdete.

*Zit. nach: Christoph Sorger, Nachwort in: Gilbert Keith Chesterton, Verteidigung des Nonsens, Leipzig und Weimar, 1991, S. 124.

1922 trat Chesterton, der immer schon religiös gewesen war, zum Katholizismus über. Es war für ihn eine Art Rückeroberung des Urvertrauens durch den römisch-katholischen Glauben, der ihm – im Vergleich zum anglikanischen – als der einzig wahre, unverwässerte erschien. Dem Befund der inneren und äußeren Gefährdung des Menschen setzte er einen unbefangen kindlichen, wundergläubigen Optimismus entgegen. Als polemischem Streiter für die katholische Lehre wurde ihm kurz nach seinem Tod der offizielle Titel »Fideis Defensor – Verteidiger des Glaubens« verliehen.

Legendär war Chestertons Geistesabwesenheit, die freilich daher rührte, dass er ständig in Gedanken mit seinen Texten befasst war. Er vergaß gelegentlich, wenn er unterwegs war, wohin er wollte. So konnte es vorkommen, dass er seiner Frau Frances telegraphierte: »Bin in Market Harborough. Was wollte ich hier noch mal?«, worauf sie antwortete: »Nach Hause kommen.«

The Trees of Pride – »Die Bäume des Hochmuts« – ist neben den Pater-Brown-Stories ein weiteres Experiment Chestertons auf dem Gebiet der Kriminal- und Detektivliteratur, in dem er die übliche Erwartung, die Leser mit dem Genre verbinden, unterläuft. Denn jede seiner Erzählungen ist eine moralische Parabel. So erhält das vordergründige Geschehen eine atmosphärisch eigentümliche Schwere. Der enorme und teilweise übermütig wirkende Aufwand, den Chestertons Phantasie in einer Erzählung wie »Die Bäume des Hochmuts« treibt, hat nicht – wie in den meisten Kriminalgeschichten – die Funktion, ein Rätsel mit den Mitteln des überlegenen logischen Verstands zu lösen, sondern diesen erst recht in ein Netz offenbarer Unmöglichkeiten zu verheddern. Es ist eigentlich ein ständiges Vexierspiel im Gange, und allein die Zahl der Volten macht beim Lesen schwindelig. Doch die Todsünde des Hochmuts waltet wie ein Menetekel über allem, auch ohne dass ein Pater oder Priester involviert wäre. Das Spiel zwischen Ernst – denn unschuldige Tote sind auch in dieser Erzählung zu beklagen – und Komödie weist unseren Text als bitterböse Scharade aus, in welcher der »hochmütige« Rationalist – der Verächter von Glauben und Aberglauben – am Ende der Gelackmeierte ist. Selten wird man als Leserin und Leser vergnüglicher an der Nase herumgeführt.

Geschrieben wurde die Erzählung, die in ihrem Umfang eher an eine Novelle oder *long tale* erinnert, nach den ersten beiden Bänden der *Father Brown-Stories* (*The Innocence of FB*, 1911; *The Wisdom of FB*, 1914). Erschienen ist sie erst 1922 in dem Erzählungsband *The Man Who Knew Too Much* bei Harper & Brothers in New York – in der gleichnamigen Sammlung, die im gleichen Jahr bei Cassell & Co. in London verlegt wurde, sucht man sie vergebens. Und auch im Deutschen ist sie bisher unpubliziert.

A. N.

Danksagung an die Herren Rechtsanwälte Dr. Martin Rinscheid und Joachim Glienke (beide Frankfurt) für die Beratung in juristisch-kriminalistischen Fragen.

Anmerkungen

11 *Er, der Unkraut sät*: Evangelium des Matthäus 13, 36–40: »Und seine Jünger traten zu ihm und sprachen: Deute uns das Gleichnis vom Unkraut auf dem Acker. / Er antwortete und sprach zu ihnen: Der Menschensohn ist's, der den guten Samen sät. Der Acker ist die Welt. Der gute Same, das sind die Kinder des Reichs. Das Unkraut sind die Kinder des Bösen. Der Feind, der es sät [Er, der Unkraut sät], ist der Teufel. Die Ernte ist das Ende der Welt. Die Schnitter sind die Engel. Wie man nun das Unkraut ausjätet und mit Feuer verbrennt, so wird's auch am Ende der Welt gehen.«

14 *Ruskin oder Pater*: John Ruskin (1819–1900), englischer Schriftsteller und Kunstkritiker, der mit seinen Schriften zur Kunst und Architektur maßgeblichen Einfluss auf das englische Geistesleben und sozialreformerische Bewegungen seiner Zeit ausübte. – Walter Pater (1829–1894), englischer Essayist, Kritiker und Romancier, früher Vertreter des »Ästhetizismus« in England und Lehrer von Oscar Wilde in Oxford.

15 *Schwäne vom Avon*: *Sweet Swan of Avon* (»Holder Schwan vom Avon«) nennt der englische Dichter Ben Johnson (1572-1637) in einem Gedicht seinen heute berühmteren Zeitgenossen William Shakespeare (1564-1616). Abgedruckt ist dieses Gedicht in der ersten Folioausgabe der Dramen Shakespeares, die 1623 in London herausgegeben wurde. Johnson spielt dabei auf den Fluss Avon an, an dem Shakespeares Heimatstadt Stratford-upon-Avon liegt.

— *Punktuistische Dichter*: ironisch-fiktiver Verweis auf die vielen modischen Ismen in der Kunst- und Literaturentwicklung (z. B. Imagismus, Vortizismus, Futurismus u. ä.).

15 *zeitgenössische irische Dichter*: gemeint sind wahrscheinlich die Vertreter der »irischen Renaissance« um William Butler Yeats und Lady Augusta Gregory, die – auch unter Einbeziehung der keltischen Mythologie – einem neuen kulturellen Nationalbewusstsein Vorschub leisteten.

18 *Saltimbanque*: frz. Gaukler.

— *Troubadour*: provenzalischer Dichter und Sänger höfischer mittelalterlicher Lieder im 12. und 13. Jhdt., im übertragenen unspezifischen Sinne auch Minnesänger und Sänger von Liebesliedern.

— *Minstrelshows*: Die Minstrelshow, auch *blackface minstrelsy* genannt, ist eine Bühnenshow, bei der weiße Darsteller Afroamerikaner karikieren. Die zentrale Figur war in der Regel ein Clown mit schwarz gefärbtem Gesicht, wollenem Haar und einem Banjo. Minstrelshows zeigten dem meist weißen Publikum, das oft keine Afroamerikaner aus ihrem Alltag kannte, zahlreiche Stereotypen von Schwarzen. Sie werden als ständig fröhliche, singende und naive Sklaven dargestellt. Dabei wird eine romantisierende Vorstellung vom Alltag der Sklaven auf den Plantagen inszeniert. Diese Shows waren im Norden der USA zwischen 1840 und 1870 vor allem unter Industriearbeitern sehr populär. Ab 1860 wurden von den fahrenden Minstrels auch Schwarze für die demütigende Show engagiert. Einige Jazz-Musikerinnen und Musiker wie Jelly Roll Morton und Bessie Smith finanzierten den Anfang ihrer Karriere durch Auftritte in Minstrelshows.

21 *Barbaresken*: Als Barbareskenstaaten wurden vom 16. bis zum frühen 19. Jhdt. die Staaten in der als Barbarei bezeichneten Region, namentlich das Sultanat Marokko sowie die osmanischen Regentschaften Algier, Tunis und Tripolis bezeichnet. Haupteinnahmequelle der Barbareskenstaaten waren Menschenraub, Sklavenhandel und Lösegelderpressung, weshalb diese Staaten auch als Piraten- oder Seeräuberstaaten bezeichnet wurden.

22 *St. Securis*: nicht zu verwechseln mit dem afrikanischen Heiligen Sankt Securus. Wortspiel von G. K. C. mit dem lat. securis = Axt, Schaufel.

— *Briareos*: in der griech. Mythologie von Uranos und Gaia gezeugtes Ungetüm mit 50 Köpfen und 100 Händen.

23 *Ex Africa*: lat. aus Afrika.

— *Onkel Remus*: »Uncle Remus« ist die Titelfigur und der fiktive Erzähler einer Sammlung von afrikanisch-amerikanischen Volkserzählungen (folktales), überwiegend von Versen und Geschichten über fiktive Tierfiguren, die von dem amerikanischen Journalisten, Autor und Volkskundler Joel Chandler Harris (1845–1908) zuerst 1881 in Buchform veröffentlicht wurden.

24 *Wetterhahn*: »Vane« bedeutet auf Englisch Wetterfahne, Wetterhahn.

— *Thaumaturge*: Wundertätiger.

25 *argumentum ad hominem*: lat. »Rede zum bzw. gegen den Menschen«, Scheinargument, in dem die Position eines Streitgegners durch einen Angriff auf dessen persönliche Umstände oder Eigenschaften angefochten wird.

37 *Sommernachtstraum*: Komödie von William Shakespeare, vermutlich 1595 oder 1596 geschrieben, vor 1598 erstmals aufgeführt und 1600 im Druck erschienen. Das Stück gehört zu den meistgespielten Werken Shakespeares.

39 *weindunkle See*: vgl. Homer, Odyssee, VII, 2–9.

40 *Mr. Colman*: Dr. Colman ist eine Figur in der Erzählung »The Noticeable Conduct of Prof. Chadd« in der Geschichtensammlung »The Club of Queer Trades« (1905), einer Parodie der Sherlock Holmes-Stories von G. K. C.

— *die dunkelste Stunde vor der Dämmerung*: Anspielung auf den Gedichtzyklus »Endymion« (1880) von Benjamin Disraeli (1804–1881), wo die Zeile »It is always darkest before dawn« in Kap. 5 vorkommt. Disraeli war von 1874 bis 1880 britischer Premierminister.

43 *Feinde des Fleisches*: »Denn das Begehren des Fleisches richtet sich gegen den Geist, das Begehren des Geistes aber gegen das Fleisch; beide stehen sich als Feinde gegenüber, so dass ihr nicht imstande seid, das zu tun, was ihr wollt.« Brief an die Galater 5,17.

49 *Irrgarten von Hampton Court*: berühmter Irrgarten im Park des Schlosses Hampton Court Palace im äußersten Südwesten Londons am linken Ufer der Themse.

50 *wie Hans die Bohnenranke*: »Jack and the Beanstalk«, englisches Märchen, von dem es verschiedene Versionen gibt. Die erste niedergeschriebene Version stammt von Benjamin Tabart (1767/8–1833) aus dem Jahre 1807, bekannt wurde die Geschichte aber erst 1890 durch die Veröffentlichung in den »Englischen Märchen« von Joseph Jacobs (1854–1916).

— *Stumm auf einem Gipfel …*: »Silent, upon a peak in Darien« – letzte Zeile in John Keats' (1795–1821) berühmtem Gedicht »On First Looking into Chapman's Homer«.

— *... der Erste bin, der je ...*: »the first that ever burst into this silent tree«, Zeile aus »The Ancient Mariner« (1798) von Samuel Taylor Coleridge (1772–1834).

60 *Dregganker*: kleiner mehrarmiger Anker.

64 *Charles der Erste*: Karl I. (1600–1649), aus dem Haus Stuart, war von 1625 bis 1649 König von England, Schottland und Irland. Seine Versuche, in England und Schottland eine gleichförmige Kirchenverfassung einzuführen und als Alleinherrscher ohne Parlament zu regieren, lösten den englischen Bürgerkrieg aus, der mit Karls Hinrichtung und der zeitweiligen Abschaffung der Monarchie endete.

66 *Ihr verdorrten Gebeine*: »Ihr verdorrten Gebeine, höret des HERRN Wort! So spricht Gott der HERR zu diesen Gebeinen: Siehe, ich will Odem in euch bringen, dass ihr wieder lebendig werdet.« Hesekiel 37, 5.

84 *al fresco*: ital. »im Frischen«, an der frischen Luft.

— *Post-Impressionismus*: Sammelbezeichnung für verschiedene Stile der Malerei, die zwischen 1880 und 1905 auf den Impressionismus folgten. Dazu gehören der Pointillismus, die Schule von Pont-Aven sowie die Werke von van Gogh, Gauguin, Toulouse-Lautrec und Cézanne.

85 *Newgate Calendar*: weit verbreitete Sammlung englischer Kriminalfälle inklusive Hinrichtungen zur moralischen Besserung des Publikums aus dem 18. und 19. Jhdt.

88 *Cockney*: Bewohner der ärmeren Stadtviertel Londons, heute meist der dort gesprochene Regiolekt.

99 *Harvey*: William Harvey (1578–1657), englischer Arzt und Anatom, Entdecker des Blutkreislaufs.

Gilbert Keith Chesterton (1874–1936), geboren im Londoner Stadtteil Kensington, studierte nach seiner Schulzeit in St. Paul's von 1892–1895 ebenfalls in London Malerei an der Slade School of Art. Als man ihn einlud, eine Reihe kunstkritischer Artikel zu schreiben, begann damit die Karriere eines der produktivsten und erfolgreichsten Schriftsteller aller Zeiten. »Der dicke Chesterton«, wie Thomas Mann ihn nannte, verfasste rund hundert Bücher, Beiträge für zweihundert weitere, Hunderte Gedichte, fünf Theaterstücke, fünf Romane und an die zweihundert Kurzgeschichten, darunter die berühmten *Father Brown-Stories*. In seinen zahlreichen Essays polemisierte er gegen Auswüchse des Kapitalismus und den Weltuntergangsglauben des Fin de Siècle. Berühmt waren seine öffentlichen Disputationen mit George Bernard Shaw, mit dem ihn zeitlebens eine freundschaftliche Hassliebe verband. So soll er zu Shaw gesagt haben: »Wenn man Sie ansieht, so könnte man glauben, in England herrsche eine Hungersnot.« Worauf Shaw erwidert haben soll: »Und wenn man Sie ansieht, erkennt man auch den Grund dafür.«

Andreas Nohl, Schriftsteller, Übersetzer und Herausgeber. Bei Steidl liegen seine Übersetzungen von Stokers *Dracula* und Kiplings *Dschungelbuch* vor. Zuletzt ist von ihm erschienen *Das Handwerk des Schreibens. Essays und Kritiken zur Literatur.*

Prosper Mérimée
Tamango

☾☾● Steidl Nocturnes

Drei Novellen
Aus dem Französischen von Arthur Schurig
und W. Gerhard
128 Seiten
Leineneinband
ISBN 978-3-95829-781-4

Der Sklavenhandel um 1820 in ungewöhnlicher Perspektive: Der französische Kapitän Ledoux, ein tüchtiger Seebär mit einem dehnbaren Begriff von Menschlichkeit und großem Einfallsreichtum in Sachen Profitmaximierung, segelt trotz Sklavereiverbot zur senegalesischen Küste. Dort kauft er dem schwarzafrikanischen Menschenhändler *Tamango* 160 Gefangene ab, bestimmt für die Neue Welt. Weil er sich bei der ganzen Feilscherei hemmungslos betrunken hat, schenkt Tamango dem Kapitän obendrein eine seiner Frauen, der er besonders zugetan ist. Als er am nächsten Morgen erwacht und ihm klar wird, was er getan hat, verfolgt er das Schiff – mit schrecklichen Folgen für die Besatzung und die Gefangenen.

Steidl Verlag • Düstere Straße 4 • 37073 Göttingen • steidl.de

Robert Musil
Der Fall Moosbrugger

Steidl Nocturnes

Aus: *der Mann ohne Eigenschaften*
128 Seiten
Leineneinband
ISBN 978-3-95829-780-7

Im Jahr 1910 brachte ein bereits zuvor wegen Mordes verurteilter Täter in Wien eine Frau auf brutalste Weise ums Leben. Der Mörder Christian Voigt ging – wie Jack the Ripper – in die Kriminalgeschichte und als Moosbrugger mit Robert Musil in die Literaturgeschichte ein. Musil, seit Anfang 1911 in Wien, verfolgte den Prozess mit großem Interesse und baute ihn in die Architektur seines komplexen Romans *Der Mann ohne Eigenschaften* ein. Die handelnden Figuren – Ulrich, Agathe, Clarisse – sehen in Moosbrugger einen Unverstandenen, dem man helfen müsse. Die geistig verwirrte Clarisse will in Moosbrugger, da er Zimmermann ist, sogar eine Reinkarnation des Erlösers erkennen. Der Mörder wird aus dem Gefängnis befreit und in einer als Versteck angemieteten Wohnung untergebracht, wo sich die Bedienstete Rachel um ihn kümmert. Hier nun entfaltet sich ein Kammerspiel am Rande des Schreckens, das ständig in die Katastrophe abzukippen droht.

Steidl Verlag • Düstere Straße 4 • 37073 Göttingen • steidl.de

Kathrine Mansfield
Die Aloe

((● Steidl Nocturnes

Aus dem Englischen Liat Himmelheber
112 Seiten
Leineneinband
ISBN 978-3-95829-978-8

Die Familie Burnell – Großmutter, Eltern, Tante, drei kleine Mädchen – zieht aus Wellington in ein Landhaus, vor dem eine große Aloe wächst. Der lange Blütentrieb dieser geheimnisvollen Pflanze, die nur »alle hundert Jahre einmal blüht«, nimmt für die neuen Bewohner unterschiedliche Bedeutungen an: Für die Kinder symbolisiert sie die Fremdheit der neuen Umgebung, für die Großmutter ist sie ein gutes Omen und für die kränkliche Mutter wird sie eines Nachts zum Segelschiff, mit dem sie sich fortträumt von ihrem präpotenten Mann und den Belastungen des Familienlebens. Katherine Mansfield beleuchtet die Konflikte des komplexen Familiengespinsts aus mehreren Perspektiven und gibt gerade den schwächsten Familienmitgliedern eine eigene Stimme.

Deutsche Erstausgabe

Steidl Verlag • Düstere Straße 4 • 37073 Göttingen • steidl.de

Luigi Pirandello
Die erste Nacht

Steidl Nocturnes

Sizilianische Novellen
Aus dem Italienischen von Hans Feist, Theodor Lücke, Ludwig Wolde und Kurt Runge und Adolf von Bystram
144 Seiten
Leineneinband
ISBN 978-3-95829-980-1

Luigi Pirandello, der Dramatiker und Erzähler, hatte die Angewohnheit, am Sonntagvormittag Sprechstunden für Personen abzuhalten, die aufgrund ihres besonderen Schicksals in seine Stücke oder Erzählungen aufgenommen werden wollten. Manche, die besonders aufsässig waren, schickte er wieder fort, aber den meisten lieh er sein Ohr, und so entstand nicht nur das weltberühmte Theaterstück Sechs Personen suchen einen Autor, sondern auch ein Großteil seiner Novellen. Mit dieser ironischen Selbstbeschreibung seiner Arbeit eröffnet der vorliegende Band, um dann in die ebenso karge wie intensive Lebenswelt Siziliens einzumünden. Große und kleine Tragödien von Witwen und Waisen, Frommen und Frömmlern – Grotesken, die das menschliche Maß übersteigen und doch mitten aus dem Leben gegriffen sind.

Steidl Verlag • Düstere Straße 4 • 37073 Göttingen • steidl.de

Marcel Proust
Das Ende der Eifersucht

☾☾● Steidl Nocturnes

Frühe Erzählungen
Auf Grundlage der Übersetzung von Ernst Weiss
112 Seiten
Leineneinband
ISBN 978-3-95829-979-5

Wir befinden uns, wie immer bei Proust, in den höchsten Kreisen der Gesellschaft: Violante, die alles unternimmt, damit die Welt ihr zu Füßen liegt, muss am Ende die Eitelkeit ihres Tuns erkennen; Françoise de Breyves wird Opfer ihrer unerfüllten Verliebtheit in den mittelmäßigen Monsieur Laléande; ein zur Unkeuschheit verführtes Mädchen legt nach einem Selbstmordversuch ihre Lebensbeichte ab; der von Eifersucht geplagte Honoré erfährt erst angesichts des Todes die Befreiung einer allumfassenden Liebe. In all diesen tiefsinnigen psychologischen Parabeln spiegelt sich die moralische Brüchigkeit der Belle Époque.

Steidl Verlag • Düstere Straße 4 • 37073 Göttingen • steidl.de

Virginia Woolf
Die Witwe und der Papagei

Steidl Nocturnes

Erzählungen
Aus dem Englischen von Liat Himmelheber
128 Seiten
Leineneinband
ISBN 978-3-96999-114-5

Ungewohnt spitz und satirisch erzählt uns Virginia Woolf, die *grande dame* der modernen englischen Literatur, in diesen wenig bekannten Texten über die sozialen Untiefen ihres Mutterlandes. Die Witwe Mrs. Gage erfährt, dass sie den gesamten Besitz ihres Bruders erbt und fällt »vor Freude fast ins Feuer«. Aber gemach: das Barvermögen ist nicht auffindbar, und das geerbte Haus brennt eines Nachts ab. Vielleicht kann hier der überlebende Papagei des Bruders weiterhelfen? Und selbstverständlich darf auch Mrs. Dalloway nicht fehlen, auf deren Abendgesellschaft acht Gäste in inneren Monologen ihr jeweils geplagtes Bewusstsein preisgeben – eine stilistische *Tour de force* ersten Ranges.

Neuübersetzung

Nikolai Gogol
Das Porträt

Steidl Nocturnes

Drei Petersburger Novellen
Aus dem Russischen von Alexander Eliasberg
160 Seiten
Leineneinband
ISBN 978-3-96999-115-2

In *Das Porträt* erweist sich das Bildnis eines Wucherers, das der arme, begabte Maler Tschartkow im Trödelladen erwirbt, als verhängnisvoll. So wie der Wucherer alle, denen er Geld lieh, mit seinem bösen Geist erfüllte, werden auch die Besitzer seines Porträts ihres Lebens nicht mehr froh. In den beiden anderen Novellen des Bandes – *Die Nase* und *Der Mantel* – geht es grotesker und noch unheimlicher zu. Am Morgen findet der Barbier Jakowlewitsch die Nase seines Kunden Kowaljow in seinem Frühstücksbrot. – Der Ministerialbeamte Akakijewitsch spart auf einen dringend benötigten neuen Wintermantel, doch an dem triumphalen Tag, da er das ersehnte Stück vom Schneider erhält, wird er auf dem Heimweg von Dieben überfallen, die ihm den Mantel entreißen – eine Tat, die gespenstische Folgen hat.

☾ ☾ ● **Steidl Nocturnes**

Erste Auflage November 2022

Lektorat: Claudia Glenewinkel
Umschlaggestaltung: Paloma Tarrío Alves / Steidl Design
Buchgestaltung: Gwenda Winkler-Vetter / Steidl Design
Gesamtherstellung und Druck: Steidl, Göttingen

Steidl
Düstere Str. 4 / 37073 Göttingen
Tel. +49 551 49 60 60
mail@steidl.de
steidl.de

ISBN 978-3-96999-116-9
Printed in Germany by Steidl

Auch als eBook erhältlich